中华名物考

【日】青木正儿／著
杨晓钟
戚硚婉琛／译

陕西新华出版传媒集团
陕 西 人 民 出 版 社

图书在版编目（CIP）数据

中华名物考 /（日）青木正儿著 ； 杨晓钟，戚砑婉琛译. -- 西安 ： 陕西人民出版社，2015
ISBN 978-7-224-11690-8

Ⅰ. ①中… Ⅱ. ①青… ②杨… ③戚… Ⅲ. ①特产－介绍－中国 Ⅳ. ①F762.7

中国版本图书馆CIP数据核字(2015)第261642号

中华名物考

〔日〕青木正儿 著

杨晓钟 戚砑婉琛 译

出 品 人：惠西平
总 策 划：宋亚萍
策划编辑：关 谊
责任编辑：关 谊
装帧设计：高洪亮 姚立华

出版发行：陕西新华出版传媒集团 陕西人民出版社
（西安北大街 147 号 邮编：710003）
印 刷：陕西五二三文化传播有限公司
开 本：710mm × 1000mm 1/16
印 张：14.75
字 数：150 千字
版 印 次：2017 年 5 月第 1 版 2017 年 5 月第 1 次印刷
书 号：ISBN 978-7-224-11690-8
定 价：34.80 元

汉学家青木正儿及其名物学(代序)

户川芳郎

《中华名物考》一书是青木正儿先生的名物学的代表作。作者本人为这本书撰写了关于名物学的序说，此书是1959年由春秋社出版发行的。

有关作者青木正儿的介绍以及他的业绩，在平凡社的《大百科事典》中有记载。

青木正儿（1887~1964），中国文学学者，出生于下关市，经第五高等学校进入京都大学，师从于狩野直善、铃木虎雄，专于研究中国戏剧，《中国近世戏曲史》(1930)是其集大成之作。其后执教于东北大学、京都大学，除了文学以外，在书画、民俗等方面也有很多独创的著述，并且以富有情趣的随笔，发挥着其文人的潜质。他兼具严谨和磊落的人格魅力，贯穿于其所有的著作。《青木正儿全集》共有十卷（1970~1975）（入矢义高）。

春秋社出版的《青木正儿全集》的每卷都有其同门后学的《解说》，非常值得参考。

本《东洋文库》中另外还收录有青木氏的随笔集《江南春》（小川环树《解说》，1972年）。另外本书自序中提到的，作者在北京游学时制作的、东北大学收藏的岁时图谱《北京风俗图谱》（1926）也追加了内田道夫的详细的“图说”，以黑白缩印本（上、下），在编者青木氏去世那年（1964）出版了。这个《北京风俗谱》于1986年以大型豪华彩色版的形式，同样由平凡社发行，丰富了此类研究的资料。

青木氏的名物学，在本书的“序说”中，叙述了其应该作为一门学科独立的理由。“名物”一词，自古在《周礼》中就有“名号与物色”，也就是物品的名称和其形状的特色的意思。对于这种名物的追求，中国自古就作为训诂学的一部分得到了发展。东汉以来的经学（经典解释学）又分成了古言今释的训诂学和说明动植物等物种的名称、形状、色味、药性等的名物学，而进一步得到发展。宋代以后，大体分化为小学（古典语言学）和名物学，前者发展成了关于古代语言文字学的体制（字形）、训诂（字义）、音韵（字音）的学术，后者发展成了礼学（度数、掌故一制度史）和以格古（器物考古学）、本草（药物学）、种树（园艺学）、物产（方志学）以及类书（百科全书）构成的广泛的文物研究。

作者的名物学是以上面的发展和展开为历史背景，以“名物的考证”学为最终目的，也就是以清代考据学为代表的、专门领域的名物“类聚”考证的学术，是关于车服、饮食、住居、工艺等人们生活的文化现象的名物考证，内容附有谱表、图录和精细的历史实证。

在“序说”中，作者倡导了名物学，在本书的“起源”“名义琐谈”以及后面的内容中反复实践演示了该学说。从草木、果实、鸟鱼、酒品、食品到香草等涉及五十余种物名进行了名物考证。其渊博的知识和精深的造诣，是当代屈指可数的。试读一下《“啸”的历史和字义的变迁》，现今的中国思想史家中有谁能够写出类似的论考呢？

除了本书，作为名物考证的书，该作者还著有《华国风味》（1947）、《酒中趣》（1962）、《中华茶书》（1962）以及《琴棋书画》（1958）等，希望他的这些名著能在这怀古风潮的时代得到充分的活用。

（1987年12月18日）

自　序

半个世纪前，当我还在京都大学读书的时候，为了加深对所学专业“中国文学”的理解，我感到有必要了解一些中华的风俗，因此常常在研究室阅览上海出版的《点石斋画报》。有一年夏天，我回老家休假，在一家旧书店的店门口偶然发现了《清俗纪闻》十三卷本（宽政年间，长崎奉行中川忠英编）。在这套书中，作者用插画详细地说明了清国的风俗，刚好满足了我的需求。虽然缺了一册，我还是悉数买了下来。其中的房屋构造、室内设施、家具服饰等图片与说明文字相得益彰、一目了然，使我从中获益不少。直至今日，我仍然把它当作我的帐中秘本而非常宝贝。那之后，虽然我也留心寻觅，但是再也没有找到总结得那样深得要领而方便的书。

那时候，我对江户文学也颇有兴趣，除了戏曲、小说之外，对随笔、散文类文章也很痴迷。在我广阅群书的过程中，山东京传的《骨董集》、柳亭种彦的《还魂纸料》、喜多村信节的《瓦砾杂考》等著述援引古图谱考证过去风俗器物的方法使我大受启发，我觉得研究中华风俗可学习此方法。之后稍加留心，我发现中华的风俗画在明代曾经非常盛行，但是明代的这类书籍却非常少。进入清代后随着文人画的流行，风俗画随之受到轻视而流传甚少。诸如此类原因，这方面的资料非常匮乏，因此这个方法执行起来也非常困难。即便如此，大正末年(1926)我受东北大学派遣去北京游学，我还是想尽自己的微薄之力试着寻找明代版本的插图书，但却未能如愿。回国后，我用此方法仅撰写了《望子(招牌)考》一篇。

在北京期间，我发现了一种叫作“弹弓”的玩具，着实让我吃了一惊。据传晋代的美貌文人潘岳在年轻的时候，携“弹”乘车去洛阳郊外游玩时，有女子就会把水果扔入车内，等他返城时已装了满满一车。当时那个古典的“弹”，即便是演变成了极其粗糙的玩具“弹弓”，但是能够流传下来也是一件幸事了。

我买了一只弹弓，用它把泥丸射到树上，像孩子一样玩得兴高采烈。还有寒山拾得曾经拿着的那个没有花纹的怪异的竹扫帚，现在仍然还在打扫着平常百姓家的院子。当时我就想，古代文化中的那些仍然在民间留存着的事物，留心观察也许会有意想不到的有趣发现。总之，我觉得应该先把这些都绘制成风俗图册。所以，我计划着让大学出些费用，找画师来画图，制作一部《北京风俗图谱》，内容分为岁时、礼俗、宫室、服饰、器皿、市井、娱乐七个部分。中川先生的《清俗纪闻》是调查了当时来到长崎生活的浙江、福建一带人的生活，请日本画师画的中国南方的风俗。与此不同，我是直接让北京人画中国北方的风俗，所以就当时各方面的条件而言，我感到非常自信。但是，一方面因为没有足够的经费很难雇到合适的助手；另一方面我在中国停留的时间有限，所以后来就变成了我回国后托人才把这个工作继续下去。由于自己的意图无法得到彻底的执行，所以没有达到预期的效果，勉强完成了一百多幅彩图的绘制。本来我是想自己撰写图谱的说明的，但是由于本职工作太忙一直没能动手。加之后来因工作调动去了京都大学想法终至落空，而绘制的那些图谱就原封不动地留在了东北大学的图书馆。虽然后来一直想着什么时候也许可以利用一下，但是因为图谱不在手边，也一直没有非借出来不可的需要，最终我的风俗研究热情也就逐渐地冷了下来。

说取而代之可能有点勉强，但是不知从什么时候，我开始对名物的研究有了兴趣。当然这也是与风俗研究有关的事情，但是契机却起源于完全不同的工作。我从昭和十六年（1941）起想编写一本以介绍中国文化为主旨的《丽泽丛书》，由弘文堂出版。为此，我曾鼓励两三个年轻的学生翻译收录其中的名著。先是让奥村伊九良君翻译《历代画论》，中田勇次郎君翻译《考槃余事》，杉本行夫君翻译《秘传花镜》。后来和他们探讨相关内容的时候，我也从中学习了一番。其间，给我留下印象最深的问题是奥村君提出的“藤墩”到底指的是什么。这个疑问源自《画继》杂谈，徽宗命令画院画一幅孔雀上藤墩的图。“墩”在字典中的解释是平地上堆起的地方，除此之外没有其他的解释。这个解释在“藤墩”中是解释不通的。我也查了各种资料，没有找到合适的解释。就在我感到伤脑筋时，没承想得来全不费功夫。在《考槃余事》的“起居器服”篇中我看到了“坐墩”一词，才知道是藤制的圆凳子之意。还有一个问题是杉本君问到的，关于《秘传花镜》的“治诸蛊惑法”中提到的“桐油脚”，不明白这里的“脚”的意思。我一直留心查找，将得到的答案以“名义琐谈”为题发表在《中国学》上。《考槃余事》中出现了很多器具的名称，而《秘传花镜》中出现了很多植物和动物的名称。查找它们的日语名称的过程，就是我的名物学研究的缘起。

使这件事进一步转化为实际行动的动机是因为战争时期的粮食供给情况。那时候即便是对于像我这样几近于隐居生活的人，也越来越深切地体会到了现实的严峻。在贫困中，不得不通过对过去美好生活的追忆，获得些许的慰藉。当时《学海》杂志的编辑经常来我家，我就按照他的要求写了关于中华食物的杂考随笔。第一篇是1944年7月刊的《爱饼说》，同年11月刊登了《用勺子吃饭的中国旧风俗》

（后来改成《用勺吃饭考》），1945 年 4 月刊登了《馄饨的历史》，同年 6 月刊登了《烤笋》。后来《学海》把标题改为《知慧》，我们也把《中国学》停刊，创办了《东光》。总之，由于我在 1947 年迎来了花甲之年，为了庆祝，就把这些关于食物的杂考总结起来，出版了《华国风味》一书。这就是我的名物学研究的第一步。

另外，在我 60 岁将要从京都大学退休的前一年，为了给自己最后教授的课程留下一些特别的纪念，我从 1946 年的 4 月至 12 月尝试着举办了《名物学绪论》的讲座。由于这是一个前无古人的尝试，准备起来颇费了一番周折，不过倒也有很多乐趣。之后在 1953 年九州大学邀请我做短期讲座时，我借机改写了旧稿中的幼稚之处，对不足之处进行了补充，以《名物学通论》作为讲座的题目。那之后，我又在山口大学做了讲座，现在还继续在立命馆大学讲。虽然每次都会有一些修改，但是至今仍然没有作为一本书问世的自信。这次借着这本书出版的机会，节选其中的要旨于卷头，把我的所谓中华名物学公布于世。

这么一来二去，我被家乡新建的山口大学聘请，于 1950 年 1 月赴任。之后的第二年，《朝日新闻》西部本社的记者来找我，想让我经常给学艺栏投稿。我推辞说我写的东西不适合报纸，但是他一再坚持，我就写了一篇《香橙》给他。那之后，我在山口大学教学期间便常常投稿，也给其他的报纸杂志投稿，这样我的名物学研究就丰富了起来，对此，我也打算到此做一个总结。

如上所述，虽然我的名物学研究是在不知不觉中形成的。虽然让人觉得还很不尽如人意，但是作为非本职的、不务正业的工作，能有这样的收获，我还是禁不住在心里会心一笑。我现在是过着隐居生活的闲人，今后打算把它当作我的本职工作继续下去。

1958年12月于洛北出云路桥东畔蓬庐

青木正儿

中华名物考

目录

名物学序说

以前我读过白井光太郎博士的《本草学论考》，其中有一篇是1913年4月他在贝原益轩先生诞辰二百周年纪念典礼上演讲的速记，题目是《作为博物学者的贝原益轩》。

文中指出："当今的博物学与先生那个时代的博物学已然不同，取而代之的是本草学、名物学、物产学三个科目。这三个科目合起来就是曾经被称为博物学的学问……所谓名物学，就是把物品的名称与实物对照起来研究，弄清楚在历史等各类书籍中出现的禽兽草木以及其他物品的名称和与之对应的实物。这种学问在当今仍然是需要的。书籍中描写的各种各样的物品，如果不了解实物是什么样的，就不能算是真正了解了书的内容。所谓名物学，过去是需要的，在当今也是需要的。"据本人的一孔之见，这是有关名物学的唯一的前人的叙述，其所述也深得精要。

那么"名物"这一术语，究竟有着怎样的意思呢？据我所知，《周礼》（周朝的官员制度）中曾有多处提到这个词，是现存的最早的记录。首先它的天官（宫内厅）的官属中规定以烹调为职务的“庖人”为：

庖人掌共六畜六兽六禽，辨其名物。

庖人之官，是执掌料理家畜、兽类、鸟类供王室使用的职位，他们要辨别这些东西的名与物。“共”通“供”。

唐代的贾公彦是这样注解的：“此禽、兽等，皆有名号物色，故云辨其名物。”也就是说禽、兽分别都有其特有的性状和颜色，按照这些分别给它们起了名称，从事此职务的人必须要了解清楚。关于这里的“六”，汉代的注释家列举出了其对应的分别是什么。但是，其实未必限于他们解释的那六种，仅仅是“各种各样”的意思。在《周礼》中任何事物都有用“六”来计数的习惯。

接下来是关于地官（掌管国内政治的官，相当于内务省）的长官大司徒的说明：

大司徒之职……辨其山林、川泽、丘陵、坟衍、原隰之名物。

东汉郑玄的注解中解释道：“名物者，十等（山林等）之名与所生之物。”

关于春官（礼官，相当于文部省）的小宗伯之职规定为：

……毛六牲，辨其名物……辨六彝之名物……辨六彝之名物……辨六尊之名物……

牲是祭礼用的家畜；毛是指选择毛色；粢是谷物；彝和尊都是礼器，为盛酒的器具，性状各异。

关于小宗伯之官属则规定有：

司几筵，掌五几、五席之名物，辨其用与其位。

典瑞掌玉瑞玉器之藏，辨其名物与其用事。

司服掌王之吉凶衣服，辨其名物与其用事。

几是可供坐卧的扶手类的东，筵是席间的坐，玉瑞是玉制的符信、符板类的东西。

关于夏官的官属也规定有：

山师掌山林之名，辨其物与其利害。

川师掌川泽之名，辨其物与其利害。

从这些记载中可以看出，如果《周礼》是实际执行的制度法典，那么可以说名物学是源自周官的。但是，其中似乎夹杂有编者的理想，所以难以认定为事实。如此一来要说名物学的缘起可以推论为名物学作为训诂学的一部分是在和训诂学密不可分的发展过程中产生了名物学，因此在中国把这两者并列称为“训诂名物”的学问。

清代的《四库全书总目·经部》“尔雅”中记载：“今观其文，大抵诸书训诂名物同异，以广见闻。”还有宋代的蔡卞的《毛诗名物解》中记载有：“其名物训诂学为者，仅卞陆佃二家。”虽然二者并称为名物与训诂，看上去几乎是对等的地位。而实际上，一般情况下明确为名物的，仍作为训诂的一部分来考虑，是从属的地位。清朝末期，张之洞的《辅轩语》中记载的关于治学的要领中提到了“训诂四忌”，即列举了关于训诂所需要警惕的四个方面。其中第四项是“自欺欺人”，意思是地名、人名、器物、草木等必须要明确为何物，如果仅仅解释为这是“地名、人名、器物、草木”，而不深入研究，不详细明确事理，就是自欺欺人，必须要避免这样的事情。也就是训诫后人，名物研究不可敷衍了事，而这句话蕴含着的一个深层意思则是名物学是训诂学的一部分，是人家通常的认知。但是，综观自古以来的训诂学——名物的训诂，可以看出名物学在其中占据着重要的地位，甚至有从中分离出来形成独立的一科。因此我也把名物学作为一门学问单独提了出来。我将分成以下四章略述这门学科的发展史：

一、作为训诂学的名物学

二、名物学的独立

三、名物学的发展

四、作为考证学的名物学

由此我得出这样的结论，这是一门起源于对名物的训诂而以对名物的考证为终极目的的学问。

作为训诂学的名物学

所谓训诂学是小学，也就是语言文字学中的一科。宋代晁公武的《郡斋读书志》的“尔雅”条中将文字的学问分为三科：一是体制；二是训；三是音韵。这相当于清代的小学家的所谓形、义、音三科。体制是字形的研究，训诂是字义的研究，音韵是字音的研究。

现存最古老的训诂书是《尔雅》。其编纂年代不详，大致是从春秋战国时期（公元前5世纪至前3世纪）至汉代初期（公元前2世纪）之间，历经多次增补而成的。全书由19篇构成，首先释诂、释言两篇主要是收集了名词、动词、副词、形容词的训诂（解释）；然后释训篇主要收集了副词、形容词，这三篇可以算是纯粹的训诂学。然而其后的16篇收集的都是名物的训诂，其篇目如下：释亲、释宫、释器、释乐、释天、释地、释丘、释山、释水、释草、释木、释虫、释鱼、释鸟、释兽、释畜。

因此可以概括地说，这本书全篇都是训诂的书。前三篇是言语的训诂，可称之为训诂学；后16篇是名物的训诂，可称之为名物学。因此与其把名物学看作是从属于训诂学而产生的，不如将其看作是训诂学的一大部分，并且其是与训诂学有着密切关系而产生的学问。

然而到了汉代，却将这二者总称为"训诂"。其源于秦汉时期的诗学，也就是《诗经》的研究。汉代的《诗经》注释《毛诗正义》中的标题记载有《周南关雎训诂传》。"训诂传"一词在这里是解释的意思。所谓"训诂"是语言和名物的解释，"传"是意义的解释。"训诂"一词实际上来源于《尔雅》的篇目。唐代的学者早就指出这个问题，孔颖达的《毛诗正义》中对《关雎》篇目就有如下说明："训诂传者，注解之别名。毛以《尔雅》之作多为释诗，而篇有释诂、释训，故依《尔雅》训而为诗立传。传者传通其义也。"想来是因为《尔雅》的编次是释诂、释言、释训的顺序，因而《毛诗正义》将其称为"诂训"，后来颠倒过来称为“训诂”，这也许是为了说起来顺口吧。例如，西汉末期《方言》中附载的作者扬雄与刘歆的往来书信中，都使用的是“训诂”。东汉中期编写的《汉书·艺文志》中记载有“汉兴，鲁申公为《诗》训诂”。那之后“训诂”就成为了专用的称谓。因此《尔雅》不仅是训诂学的鼻祖，而且“训诂”这一术语也出自此书。

之后出现了署名汉代孔鲋著的《小尔雅》。孔鲋虽是秦汉时期的人，但此书是假托其名，实际并不是那么古老的著作。一般被认定为是东汉末期至魏晋之间的著作。全书共分为十三个门类，其中的九个门类是名物的训诂。还有和它几乎是同时代的魏朝的太和年间张揖编写的《广雅》十卷。它收集了《尔雅》中没有记载的汉字约18150字，并对其做了训诂，其分类完全沿袭《尔雅》，可以称为《尔雅》的续篇，因此大部分是名物的训诂。与它们性质不同的，还有西汉末期扬雄编写的《方言》十三卷。如其名所示，此书搜集了各地的方言并做了训诂，好像是一本没有完成的书，没有对内容进行分类，但是解释名物的内容非常多。以上是训诂学的基础著作，都有清代小学家的详细注释。

名物学的独立

东汉末期，出现了以名物的训诂为主的书籍，从此拉开了名物学独立的端绪。那就是刘熙编写的《释名》八卷。如书名所示，这是一本以解释事物的名称为目的而编写的书籍，共分为二十七篇，篇目如下：释天、释地、释山、释水、释丘、释道、释州国、释形体、释姿容、释长幼、释亲属、释言语、释饮食、释采帛、释首饰、释衣服、释宫室、释床帐、释书契、释典艺、释用器、释乐器、释兵、释车、释船、释疾病、释丧制。

这当中“释姿容”是表达人的姿势动作的词语，也就是说主要是动，而“释言语”采集的是抽象名词以及动词、形容词，除了这两个部分，其他都是名物的训诂，并且它的“自序”中以“即以物名释义”表明了著述的主旨。因此可以认为作者是抱着名物学的意识而编写此书的。如此一来，可以说名物学独立的开端是由此开始的。并且，比起《尔雅》《广雅》等仅是以训诂为主的特点，这本书中对名物的解释说明的方法更加具体且得要领，可以看出更前进了一步。举例来比较的话，如：

> 《尔雅·释丘》：丘一成为敦丘，再成为陶丘，再成锐上为融丘，三成为昆仑丘。（下略）
>
> 《释名·释丘》：丘一成曰顿丘，一顿而成，无上下大小之杀也。再成曰陶丘，于高山上一重作之如陶灶然也。锐上曰融丘，融，明也，明，阳也，凡上锐，皆高而近阳者也。三成曰昆仑丘，如昆仑之高，而积重也。（下略）

《尔雅》列举了“丘”的种类和它们的名称，解释为“丘是指一个独立的山丘称为敦丘。两个重叠在一起的叫作陶丘；两个重叠在一起，并且顶部是尖的叫作融丘。三个重叠在一起的叫作昆仑丘”。而《释名》考虑到了为什么会有那样的名称，追加说明了“一成称为顿丘，是指一次形成的，因为只有一个，没有重叠，所以没有上和下、大和小的差别。再成称为陶丘，就是在高山上又重叠着一座山，由于像是烧制陶器的窑，因而称为陶丘。顶部是尖的称为融丘;融，意为明显，即太阳，在上面的尖的都是高的，靠近太阳的。三成称为昆仑丘，是因为像昆仑山一样堆积得很高”。

另外，说明中有不少可以成为一窥当时生活状况的资料。试以《释首饰》中的化妆品为例：

> 脂，砥也，著面柔滑如砥石也。

脂即砥石，涂在脸上使其柔软光滑得像砥石一样，相当于现在的面霜。

> 粉，分也，研米使分散也。胡粉，胡糊也。脂和以涂面也。䞓粉，䞓，赤也，染粉使赤，以著頬上也。

粉即分，把米研磨使其分散成粉。胡粉的胡字是指糨糊。在米粉里掺上脂像糨糊一样涂在脸上。䞓粉的䞓字是红色。把米粉染成红色，在脸颊上施以粉黛，也就是现在的香粉和香粉膏，相当于腮红。

> 黛，代也，灭眉毛去之，以此画代其处也。

黛字就是代。去除掉眉毛，用这个东西画在那个地方替代，相当于现在的眉笔。

> 唇脂以丹作之，象唇赤也。

唇脂是用丹制作的，像嘴唇的红色的东西，相当于现在的口红。

“脂，砥也”“粉，分也”“黛，代也”等说法，就是音训法，用字音相同的字或相近的字训释。《释名》一书通常使用此方法。“粉”的原料“米”不是稻子的米，主要是指高粱米，是用其做成的淀粉。后来北魏的农书《齐民要术》的第五卷中详细描述了它的做法，从而做出上述推论。应该说《释名》才是名物学真正的鼻祖。

此类书并没有出现后继者，这种体系也几乎断绝了。取而代之的是《尔雅》的体系得到了继承和延续，其中还出现了脱离开训诂，独立出来而成为名物学的研究。此外，还有从《诗经》的训诂学分离独立出来的名物学也崭露头角。这两个体系并行且逐渐形成了名物学的主干，进而促进了名物的发展。由于《尔雅》是以对《诗经》的训诂为出发点形成的学问，所以名物学的根源可以说是源自《诗经》的名物研究。而《诗经》的名物研究之所以得到重视，是因为它是孔子的诗教。《论语·阳货》篇中孔子举出学习《诗经》的七条益处，其中的最后一条是“多识于鸟兽草木之名”。

孔子认为，《诗经》中有很多动植物的名称，通过学习《诗经》，可以了解它们。因此，后世编写了不少研究《诗经》中名物的著作，称之为“多识之学”。首先，开启先河的是三国时期吴国陆玑的《毛诗草木鸟兽虫鱼疏》。原书早已佚失，现有的二卷本是不完整的，据说是从唐代的《毛诗正义》的引用中编辑整理出来的。这本书的体例是列举《诗经》的一句话，就其中关于动植物的现今的名称以及方言的差异、性状、色味、药性等进行详细说明。相比《释名》仍然是以训诂的内容为主，此书的内容是以研究物质为主的，因此应该说纯粹的名物学就是从这里开始的。到了唐文宗之时，根据此书的内容编纂了图绘本的敕撰《毛诗草木虫鱼图》二十卷，这在《唐书·艺文志》中有记载，但是此书到宋代就已经遗失了。

下面列举相关书籍中现存的重要的著作：宋代蔡卞的《毛诗名物解》二十卷，选取了《诗经》中的名物分为十一个门类做了解释。虽然不是很细致，但是开启了此类著作的先河。元代许谦的《诗集传名物钞》八卷，按照《诗经》各篇的顺序，采录其中与名物相关的旧说，加入了自己的解释，是一本有据可依的好书。但是穿插有很多名物以外的诗义的内容，不够纯粹。明代似乎没有这方面的书籍。到了清代有陈大章的《诗传名物集览》，共十二卷，分为六类，采用了诸家的学说，非常繁杂；顾栋高的《毛诗类释》二十一卷，分为二十一个门类，虽然大多是采集了旧说，但是选择极其严谨，如前书一般没有什么弊端，可以算是清儒第一的好书；其他还有多隆阿的《毛诗多识》十二卷、林伯桐的《毛诗识小》三十卷等，此类著作还有很多。图解《诗经》名物的著作，在前述的唐文宗的敕撰以后并没有什么令人眼前为之一亮的著作。清代徐鼎的《毛诗名物图说》填补了这一空白。而在日本却有这类好的著作，其中有安永年间渊在宽的《陆氏草木鸟兽虫鱼疏图解》五卷、天明年间岡元凤的《毛诗品物图考》七卷，都比徐鼎著作里的图画精细，更加有真实感。

另外，《尔雅》一系中，到了晋朝出现了郭璞的《尔雅图》十卷，仅仅是在《隋唐·经籍志》中有所著录，原书早就遗失了。但是作为名物的图解它是最早的。这本书在证明《尔雅》的研究除了训诂学以外，还有作为名物学独立发展的现象这一点，应当给予关注。此后还有陈朝的江灌也著有《尔雅图》二卷，这部著作也只是在唐代张彦远的《历代名画记》的卷三中有所记载，原书也遗失了。此类书现存的仅有复制的《影宋钞绘图尔雅》三卷，据推测是以宋代或元代的抄本为依据的。可是到了宋代，出现了延引《尔雅》系统、专门研究名物的两部名著，一是北宋末期元丰年间，陆佃编写的《埤雅》二十卷，分为释鱼、释兽、释鸟、释虫、释马、释木、释草、释天八类。解释的诸物大抵详述名义，略述形状，其宗旨仍然应该算是训诂学的范畴。二是南宋初期罗愿的《尔雅翼》三十二卷，根据其《自序》，应是孝宗的淳熙元年(1174)完成的，分为六个门类：释草、释木、释鸟、释兽、释虫、释鱼。此书考据精博，在陆氏的《埤雅》之上，以详述形状为主，可以说已经脱离了训诂学的范围，而深入了名物学的领域，并且保持了和经学的关系，有明确经义的意图，与自称的本草学的性质相异。

到了明代末期的崇祯十六年(1643)，出现了方以智的《通雅》五十二卷。此书作为祖述《尔雅》的学问，兼具了训诂和名物两方面的内容，但是二十四分门中除了六门，其余的都是名物的考证，并且旁征博引，考据精准，在近代此类的著作中是最为杰出的。其分类为：疑始、释诂、天文、地舆、身体、称谓、姓名、官制、事制、礼仪、乐曲、乐舞、器用、衣服、宫室、饮食、算数、植物、动物、金石、谚原、切韵声原、脉考、古方解二十四门，每一门中又分为数项，是一本空前绝后的完备的著作。缺点就是书中征引的诸类说法很多只有提倡此类说法的姓名人名，没有列举出书名，并且使用名字的字或号等略称比较多，使用起来不太方便。但无论如何，由于此书博洽而值得信赖，在我国江户年代的儒者之中被当成宝贝，文化二年(1805)甚至被翻刻。其体例是把《尔雅》的原文和注解合而为一，首先，提出原文的要旨;其次，征引相当于注解的诸种说法;最后，以“智按”的方式记载作者自己的见解。以我曾经在《屠苏考》中引用的植物“屠苏”条目的体例为例：

> 屠苏,阔叶草也。因为屋名,为冠名,为饮名。萧子云《雪赋》曰“……”杜子美《冷淘诗》曰“……”庵也。《广雅》曰“屠苏平屋也”(中略),《诗话补遗》曰“周王褒诗,‘绣桷画屠苏’。屠苏,草也。画于屋上,因以名屋,遂作屠苏”。智谓解定画于屋上以取名，亦非。盖阔叶草也。今广西瑶人中呼大叶似蒿者,为头苏。头屠音近。正因其有荫而名屋也。(下略)

请参照本书的《节物杂话》中的“屠苏考”理解此文。

名物学的发展

诗学之后，与名物学有着很多交集的是礼学。前述罗愿的《尔雅翼》中解释过的名物，据元代洪焱祖的跋文记载，其中关于《诗经》的有一百二二条，关于“三礼”的有一百四十条。从这个数字上也可以看出礼学与名物的交集之多。其他还有格古、本草、种树、物产诸学以及类书等，都与名物有不少关联，甚至可以把这些方面看作是名物学的发展。首先，礼学是指《周礼》《仪礼》《礼记》的“三礼”，其中包含有很多服饰、器用、饮食、宫室等的名称，对这些名称的解说构成了名物学的一部分。格古是鉴赏辨别古器物，在讲究器物的性状这一点上与名物学有交集。本草是药物学，从动植物到矿物的名称非常多，虽然其最终目的是研究它们的药效，但是也要识别、研究其性状，这一点给予名物学很大的帮助。种树是园艺学，在研究作物的性状方面与名物学有着交集。物产是研究、记录各国的产物，可以当作是名物学的一部分。类书是对关于各种物品事象的古代文献进行编辑书籍，为研究者索引提供方便，其中关于名物的东西很多，并且有的是以名物为主编辑的书籍，所以可以是名物学大资料库。关于名物并不只这些，但是在这六方面最为显著。下面我们逐一介绍。

礼学方面

《四库全书总目》礼类的序中有“郑康成注，贾公彦、孔颖达疏，于名物度数特详”。“三礼”都是以后汉郑玄（字康成）的注为基础的，《周礼》《仪礼》是由唐代的贾公彦做的详细注解，并分条陈述；《礼记》是由唐代的孔颖达做的分条陈述。这些注解之所以在名物制度的解释方面特别用心，是因为在此研究中它们占有重要的地位。首先，《周礼》是记录周朝官制的书籍，在当时得到了多大程度的实施还是一个疑问，但是记录的官职非常多，极其缜密。关于掌管官职的名物也有很多记载，对它们的注解构成了名物学。其次，《仪礼》是详述婚丧祭礼等礼法的书籍，记录所使用的衣服、器具、食品的名目很多，是“三礼”中对名物研究最重要的书籍。《礼记》是关于礼的杂著丛书，与《周礼》《仪礼》相互参照，其中包含了很多值得考证的名物内容。

另外关于“三礼”的名物研究中，仅次于注解而应该得到关注的是服饰、器用等物品的图解著作的发达。这类著书早在汉代就有了。即东汉的郑玄和阮谌等编写的《三礼图》九卷，通过《隋书·经籍志》被世人所知。隋文帝时夏侯朗奉敕画的《三礼图》十二卷，在唐代张彦远的《历代名画记》第三卷中有提起。其他还有唐代张镒、梁郑的著述也多为后人所知，但是这些都失传了。现存的宋代聂崇义的《三礼图集注》二十卷是最古老的。据说是参考郑玄的旧图六种编写的，可以说是一部集大成的著作，但是图比较粗略。编次分为冕服、后服、冠冕、宫室、投壶(乐器附)、射侯、弓矢、旌旗、玉瑞、祭玉、匏爵、鼎俎、尊彝、丧服、袭敛、丧器共十八门，除了图以外，还引经据典进行说明。其他还有一些此类书籍，形成了名物学的一科。

格古方面

格是穷原究委之意，而所谓格古是指玩赏并彻底研究古物之意。玩赏古物具体是从什么时候开始的不太清楚，但在现存的著作中，有梁朝陶弘景的《古今刀剑录》、陈朝虞荔的《鼎录》，其中有关于古物的记录。唐代段成式的《酉阳杂俎》的《广知》篇中载，梁朝的陆缅曾对北魏的使者说："我家曾经珍藏有晋朝荀勖的铜尺，因为昭明太子喜爱收集古器，就献给他了。"综上所述，玩赏古物的风气似乎是从梁朝开始兴起的，经过唐代，到了宋代兴盛起来，因此古器物图录的相当部分的种类留存至今，如吕大临的《考古图》十卷、王俅的《啸堂集古录》二卷、王黼的《宣和博古图录》三十卷。此类图录在近代也有编著，其中最著名的有清代乾隆年间内府藏器的图录《西清古鉴》四十卷、《西清续鉴》二十卷等。

除上述考古学的古器珍玩以外，从宋代起，文人之间有了玩赏文房用具之风，所以出现了不少相关的记录。所谓笔墨纸砚的文房四宝中，砚是最具有赏玩价值的，记录也就最丰富。玩赏文具之风与上述古器物珍玩之风汇合，就出现了相关通论的专家。首先，著名的有南宋末期赵希鹄的《洞天清禄集》一卷。该著作论述古玩鉴别的内容，分为十门，即古琴辨、古砚辨、古钟鼎彝器辨、怪石辨、研屏辨、笔格辨、水滴辨、古翰墨真迹辨、古今石刻辨、古画辨。其次，明代曹昭撰、王佐增补的《新增格古要论》十三卷，分为十三门论述古器鉴赏。这类书籍在明清期间出现了不少，可称为格古学，也可以看作是名物学的一个方面。

本草方面

本草是指药物学，兼具有动物、植物、矿物学。这一学科据说在周代就已经有了著书。秦始皇时期，丞相李斯建议禁止天下书籍的流通，据《史记》列传记载，“医药、占卜、种树”的书籍不在禁书之列。但是《汉书·艺文志》中关于本草的书一本也没有，到了《隋书·经籍志》则著录很多。最早的是《神农本草》八卷，编者不详，据说是记录了东汉末期张仲景、华佗的言论。明确记载有作者名字的以后汉末期蔡邕和华佗的弟子吴普的本草为最古老。这一学科似乎也是从这个时期开始兴盛的。后来有梁朝陶弘景著的《本草经集注》七卷，已经遗失了。唐代有苏恭、陈藏器、李珣等的著书，也都失传了。现存有宋代唐慎微编著的《经史证类大观本草》三十一卷以及他的《重修政和经史证类备用本草》三十卷、寇宗奭的《图经衍义本草》四十二卷，此书然后还有明万历十八年(1590)完成的李时珍的《本草纲目》五十二卷，并成为这一学科的集大成之著作。本草学是以研究药性为前提的，其名物学的研究也是不可缺少的，因此对于名物学学者而言本草学是重要的宝库。但是对于我们日本人来说，在研究方面首先遇到的障碍是动植物的汉语名所对应的日语名是什么东西的问题，为了解决此问题，我们不得不参考先贤们的著作。主要有平安朝时代(794~1124)深江辅仁的《本草和名》和丹波康赖的《本草和名传抄》，然后还有江户时代(1603~1867)贝原益轩的《大和本草》十二卷、小野兰山的《本草纲目启蒙》四十八卷，这些著作相比药性，更多是以动植物学方面的研究为主，也可以称之为本草名物学。

种树方面

前述李斯禁书的例外中可以看到“种树”之书。从周代就已经有了这方面的著书。可是《汉书·艺文志》和《隋书·经籍志》中都没有这类专著的相关记载。直到《唐书·艺文志》，才在农家类中出现了隋朝诸葛颖的《种植法》七十二卷，以及王方庆的《园庭草木疏》二十一卷，但是这些书籍都遗失了。仅有王氏之书一卷收录在《说郛》的第一〇四卷中，据推测是辑录版本。但是到了宋代这类书籍的编写越来越多，现存的也有不少。以“什么谱”“什么志”为题目的，即所谓谱录类的书大多是这类的。它们关于动物、植物的品目、性状的记述内容构成了名物学的一个方面。这类书最早的有晋代戴凯之撰写的《竹谱》一卷，《四库全书总目》中有考证，具有可信性。后来还有宋代欧阳修的《洛阳牡丹记》一卷、王观的《扬州芍药谱》一卷、刘蒙的

《刘氏菊谱》一卷、范成大的《范村梅谱》一卷、赵时庚的《金漳兰谱》三卷、陈思的《海棠谱》三卷、蔡襄的《荔枝谱》一卷、韩彦直的《橘录》三卷、僧赞宁的《笱谱》一卷、著者不详的《禽经》一卷、高似孙的《蟹略》四卷等。到了明清年间，模仿此谱类的著作非常之多，不胜枚举。特别值得关注的有两部集大成的名著，一部是清初康熙四十七年(1708)奉敕撰写的《佩文斋广群芳谱》一百卷，此书是在明代王象晋的《群芳谱》三十卷的基础上增补的。王氏之谱分为天、岁、谷、蔬、果、茶竹、桑麻葛苎、药、木、卉、鹤鱼共十一谱，收集了相关的典故艺文，而佩文斋之谱稍微更改了门目，新增了文献;还有一部是清道光年间，吴其濬编写的《植物名实图考》三十八卷以及《长编》二十二卷。作者宦游足迹遍及天下，观察所到之处的万物，著成此书。前者多为将其看到的植物画成图，说明其形状性质。绘图非常精密写实，非之前的本草书的制图可比。《长编》是把古代的本草的文献收集到每一个物种下，附上便览。把这二者结合起来使用，可以尽得植物的大观，是很好的著作。《群芳谱》有很多关于植物的诗文，比较具有文学性，《长编》以本草的记载为主，比较具有科学性。

物产方面

《四库全书总目》的史部地理类杂记之属所列举的书中，有记载各国风土的书籍。这类书往往是以对当地物产的记录为主，也可以看作是名物学的一方面。这类著书在汉代就已经有像杨孚的《异物志》(存辑本)这样的著作了，但是完全流传下来的最古老的是晋代嵇含的《南方草木状》三卷。记载有南越(今广东、广西)交趾(现越南河内地区）的产物，是作者任广州太守时期的见闻录，分为草、木、果、竹四类，共八十种，尽述形状品质，有很多珍奇的植物。其后还有唐代段公路的《北户录》三卷，记载的是作者在广州时的当地的风土名产。还有唐代刘恂的《岭表录异》三卷，也同样记载了广东的地方物产。广东与中原风土相异，珍奇的东西比较多，所以后来也一直不断出现留下此类记录的人。宋代范成大的《桂海虞衡志》一卷、清代屈大均的《广东新语》二十卷（卷十四至二十五·《物产部》）等，都是此类著作。另外，四川省似乎也有很多珍奇的物产，宋代宋祁的《益部方物略记》一卷、明代何宇度的《益部谈资》三卷都有记录。所谓“益部”就是益州，即四川省成都一带。海产物是福建省比较著名的，明代屠本畯的《闽中海错疏》三卷有记录。其他各地本来也有特产物，各省的通志中大抵都设有物产篇。我国的宽延年间（1748~1750）都贺庭钟旁注假名刊行的《南产志》二卷，是从明代何乔远的《闽书》（福建的地志）中选取的，可见当时我国国民对当地物产的关注。

类书方面

类书本来是收集典故编写出的诗文创作的参考书，起源于魏朝，兴盛于六朝的编纂书，其中有丰富的关于名物的项目和资料，也有以名物为主编写的类书。例如，宋代陶谷的《清异录》四卷、清代厉荃的《事物异名录》四十卷都属于此类。最完整的有明代王圻的《三才图会》一百〇六卷，此书把名物按照分类收集起来，进行图解说明。可以说不仅仅是名物学的资料，其自身也构成了名物学。因此我将这类编著称作类聚名物。在我国有正德年间（1711~1716）寺岛良安模仿其编写的《和汉三才图会》一百〇五卷，是非常珍贵的书籍，作者是医生，深谙本草，关于这方面的记录非常优秀。

平安朝(794~1192)中期出现的源顺的《和名类聚抄》二十卷，虽是以给汉语名配日本名为主的语言学的类书，但其引用了大量的汉籍，在明确物品的性状方面也下了不少功夫，可以说它已进入类聚名物学的领域。江户时代的伊藤东涯的《名物六帖》二十六册，是从汉籍中挑选出名物熟语并加以类聚，标注上日语训读，是仅次于《和名类聚抄》的类聚名物学的好书。

作为考证学的名物学

《四库全书总目》中，评价清代陈大章的《诗传名物集览》时，指出其无限度地引用解释，忽略了以自我的见识进行筛选的问题，批评其“体类书近，深乖说经之旨”。而在评价顾栋高的《毛诗类释》时说：“诸家说《诗》中名物，多泛滥以博炫。此书则采录旧说，颇为谨严。……与但征故实，体同类书者有殊，于说诗亦不为无裨也。”称赞其采录旧说之法适宜。我想类书与类聚名物学的区分，就在于是否有考证。仅仅是收集旧说和古文献，而把取舍选择交给读者的是类书；而采录有编者的价值判断，换言之就是添加了考证的话，那么类聚名物学就成立了，否则就仅仅是类书。因此像《毛诗类释》这种就进入了名物学的领域，而像《诗传名物集览》这样在体例上成为名物学还不够充分，难免有近似于类书之毁誉。从此意义来讲，第二章提到的方以智的《通雅》这样的著作当然应该算是类聚名物学。《四库全书总目》中将其归列于子部杂家类的随笔，未免有些草率，应该将其归列为经部小学类，与《尔雅翼》等同等待遇。其他如明代周祈的《名义考》十二卷、谢肇淛的《五杂俎》十六卷、王三聘的《古今事物考》八卷等均应算作类聚名物学。

类聚名物学是东汉的《释名》以来历代都有的普遍形式。到了清代，兴起了对一些特别的名物进行研究的具有考证性质的名物学。这种考证名物学是随着经学考证学的兴盛，作为其附属产物而出现的，主要是关于礼学的比较多。相关的名著在《皇清经解》正、续编中有收录，非常便于查阅。下面我将从衣、食、住以及分工艺四个方面一窥此类著作的概略。首先有江永的《乡党图考》十卷。江永按年代也是此学问的先驱，并且此书通考衣、食、住三方面，也可以说是此学问的概述。在《论语·乡党》篇中详细记载了孔子在公私两方面日常的生活状况。《乡党图考》本着注疏其意义的主旨，从经传中挑选出关于制度、名物的记录，进行了分类整理，分为图谱、圣迹、朝聘、宫室、衣服、饮食、器、容貌、杂典九类，每一类下面又分成细则，各条都列举了“三礼”的经、注、疏，同时杂引各类书籍，一目了然。虽然其主旨是把孔子作为典范，但是内容上阐明了周代的知识阶层的生活，关于名物的记载非常多，考察精准、可信。其中关于深衣、车制、宫室制度的内容非常专业，非他人所能及。

衣服考

关于衣服，一直以来对“深衣”的考证最为人所关注。所谓深衣是指古代士大夫以上的官员的日常服装，庶民的礼服。对此，《礼记》的《深衣》篇和《玉藻》篇都记载有相关的规定。汉唐以来的注释家们以此为依据写了不少著作，但是众说纷纭，让人觉得无所适从。事实上，古代士大夫以上的官员祭祀时的服装和礼服是按照“衣”和“裳”上下分开的，但是只有深衣是衣和裳连在一起的。关于上衣的规定，自古以来都没有什么异议，而关于下裳的规定却是说法不一。关于裳的具体的剪裁方法，只有《深衣》篇中提到过“制十有二幅以应十二月”，“续衽钩边”，除此之外没有其他的线索。现在我没有足够的时间斟酌介绍各种学说，在此仅介绍旧说的代表，宋代朱熹的《文公家礼》的深衣图说，还有江永的《深衣考误》一卷，订正了朱子的学说，后来采用此学说的比较多。任大椿在《深衣释例》一书中对江氏的刊误要点二则特别做了附录以赞成其学说。张惠言的《仪礼图》也采用了江氏的学说。然后还有任大椿的《深衣释例》三卷把古代经籍中散见的关于深衣的各种词汇广泛搜集，进行了详细的解释，附考有“禅衣”，资料丰富，是一本好书，还有他写的《冕服释例》八卷，详细解释了冠辨和衣服（主要是礼服），体例与前书相同；还有《释缯》一卷，详细解释了古代的绢织物的名物。由此可知，古代的衣服的名物学的研究要属任氏是专家了。宋绵初的《释服》二卷，解释了一般的服饰，涉及佩、履、襦袴类，范围广泛，对任氏的著书起到了不少补充作用。俞樾的《玉佩考》一卷收集了各种学说，非常精确。

饮食考

关于饮食，江永的《乡党图考》中有这一门类，尽述其要，没有发现其他专门的书籍了。但是关于食物原材料的谷物的有程瑶田的

《九谷考》四卷。程瑶田是名物学的杰出人物，王国维先生的《周代金石文韵读序》中提到“小学之中，如高邮王氏（念孙）、栖霞郝氏（懿行）之于训故，歙县程氏（瑶田）之于名物，金坛段氏（玉裁）之于《说文》，皆足以上掩前哲”。如其所述，程氏可以说是古今独有的名物学专家。他的学术著作集《通艺录》[嘉庆八年（1803）自序]，其中直接与名物考证相关的有《九谷考》《释宫小记》一卷、《考工创物小记》八卷、《释草小记》二卷、《释虫小记》一卷共五本书。其中《九谷考》是最著名的。所谓九谷如《周礼・天官・大宰・九职》中有“一曰三农，生九谷”。东汉的郑玄注释有“黍、稷、稻、粱、麻、大豆、小豆、麦、苽”九种。《九谷考》根据这一学说，把这九谷的典故、名义、实用等进行了详细的考证。尤其是关于“稷”，秦汉以来是把“粱”当作“稷”的，唐代以后，是把“黍”当作“稷”的。但是程氏经过考证，论断为应该相当于现今的高粱。尔后的著作都参照此说法，刘宝楠的《释谷》即遵照此。后来刘氏的《释谷》四卷列举了所有关于谷物的词语并进行解释，考据精确。关于程氏的《释宫小记》《考工创物小记》以及其他的著作，我将会按照各自的分类，在后面的章节中论述。

住居考

江永有《仪礼释宫增注》一卷，是在署名为宋代朱熹著《仪礼释宫》的基础上，进一步追加了注释。但《四库全书总目》中考证说，实际上原书不是朱熹著的，而是宋代李如圭的著作，被误收入朱子的全集中。原书首先从《仪礼》中选出宫室部分的名称进行了简单的解释，然后引用《礼》的经文注疏加以证明，是一本深得要领的入门书，再加上江氏的增注，就更加确切了。还有任启运的《朝庙宫室考》一卷，分为十三个项目，即门、观、朝、庙、寝、塾、宁屏、等威、名物、门大小广狭、明堂、方明、辟雍。然后对这些引用经注诸书进行考证说明，并附上了设计图。上面两本书的内容限于《仪礼》的宫室，而焦循的《群经宫室图》二卷则是将关于宫室的范围扩大到了其他的经籍，涉及城、宫、门、屋、社稷、宗庙、明堂、坛、学的图说，极其详细。程瑶田的《释宫小记》一卷，完全是将任启运的《宫室考》中作为一个项目的“名物”，即对栋、梁、檐等建筑的部件的古义做了明晰。胡培翚的《燕寝考》三卷是专门针对“寝”即居所的主要部分(正屋)，考证了上至天子诸侯的燕寝，下至大夫、士、庶民的寝室，其缺点是没有图示。

工艺考

关于古代工艺的研究，附属于《周礼》的《考工记》的研究是着重点。其中关于名物的内容有很多。首先戴震的《考工记图》二卷，全录了《诗经》的原文和郑玄的注释，再将自己有意见的地方插入补充注释，并且在需要图解的地方附有插图，有车的部件、古铜器等，虽然没有什么稀奇的，但是对于器物的尺寸都做了详细的考证。然后是程瑶田的《考工创物小记》八卷，没有引用经注的文字，而是把自己的论说按照事项分类设了题目，加上图解进行了详细的考证。程氏的选材与戴氏相同，但是其对于铜器的考古学性质的研究，远远超出戴氏，非常精彩，名物学当推程氏为第一人。还有阮元的《考工记车制图解》二卷，专门对乘坐的车子进行了考证。其实关于乘坐的车子的图解，宋代聂崇义的《三礼图集注》一书对其完整的形状画了图，但是没有明确各个部位的制作，非常粗略。到了清代江永的《乡党图考》，图示了车的各个部位，并且通过《车通考》《车轮考》《车舆考》《车马考》诸篇进行了详细的考证。江氏的门人戴震著的《考工记图》，关于车的制造与其师说颇为不同，更加精密。到了阮氏专著《考工记车制图解》，曾自负成就江、戴诸家未发之说。共分为六项，即轮解、舆解、辀解、革解、金解、推求车度次第解，考据详密，图也很精确。当时程瑶田的《考工创物小记》一书中对车子各部位的制作的考证也非常精确，与阮氏的著书并列，堪称双璧。后来还有王宗涑的《考工记考辨》八卷，除了注疏，折中了江、戴、阮、程四氏的学说。从题目看范围比较宽，但内容是专门考证车制的，算是车制考的集大成之作，大概是咸丰初年(1852)的著作。其他还有钱坫的《车制考》一卷，并没有以《考工记》为主，而是引用《说文》《释名》等内容进行论述，在此领域另成一家。郑珍的《轮舆私笺》三卷，图解了辀的弯曲度，考论非常精密。这方面的研究阮氏开辟了先河，到了郑氏就考证得更加详细了。

综上所述，清代有关名物的考证，关于“三礼”的研究是最为兴盛的。如前面的章节所述，虽然关于《诗经》的名物研究也非常多，但是大多仅仅杂记了各种零星的学说，缺乏考证的要素。因此可以说考证名物学是从“三礼”方面得到了显著的发展。

同时由于训诂学也随着时代的趋势，其研究方法变得更加具有考证性，名物的训诂也就增加了考证性。伴随着清代中期乾隆以后训诂学的兴盛，竞相出现了许多名著：邵晋涵的《尔雅正义》二十卷、郝懿行的《尔雅义疏》二十卷、胡承珙的《小尔雅义疏》十四卷、钱绎的

《方言笺疏》十三卷、毕沅的《释名疏证》九卷、王念孙的《广雅疏证》十卷等，这些名著都在其注解中进行了翔实的考证。另外，名物学专家程瑶田著有《释草小记》《释虫小记》，其考证内容缘于《尔雅》，穿插着本草。《释草》对蓬、荼萑、芸、芃兰、苜蓿等进行了精确的考证。《释虫》分为《螟蛉蜾蠃异文记》《蛞蝓蜗牛正讹》《改正尔雅羭羖牝牡转写讹记》三篇。程氏是经学者，不是本草家，其对于动植物的考辨方法仍然沿用训诂学的方法。以《蛞蝓蜗牛正谵》的要旨为例，它否定了当时普遍认为的蛞蝓是蜒蚰而非蜗牛的论点，主张蛞蝓就是蜗牛。关于此学说，引用了《本草纲目》"蛞蝓"的条目，是由五代时期的韩保升提出的，程氏也是引用其中的内容，并非他独创的见解，但是程氏在名称上追加了语言学的说明,对韩氏的见解进行了辅弼。程氏的要旨总结起来是这样的:《尔雅》云:"蚹蠃，螔蝓。"(今按:此为《尔雅·释鱼》之文，郭璞注有"即蜗牛也")，《神农本草经》中有"蛞蝓"，《名医别录》中有"附蜗"，将这些联系起来看，这四个名称指的是同一种动物。同时，动物名称中有"俞"这个发音的，大多是形容腹部的形状像蜘蛛的动物。《方言》云，蜘蛛"或谓之蠾蝓，蠾蝓者侏儒语之转也"。因此一般把下肥胖的部位称为"腴"。"臾"和"俞"的发音相同，因此"垂腹"称为"垂腴"。从语言的发音角度考虑可以类推其形状。螔蝓的腹部垂在外边，似剑锷一样延伸开，尾巴像剑梢。腹部比背部"阔"，蛞蝓的"蛞"字有"阔"的意思。因此，"蛞蝓"这个名称符合蜗牛。综其要点，"蛞蝓"是腹部阔而胀的意思，是蜗牛，而不是蜒蚰。这种考证的方法，清乾隆以来兴起，是以古韵研究为基础的训诂学的反映。这是新的学风，应当给予关注。但是这一解释有点令人难以信服。试着参考王念孙的《广雅疏证》，其《释鱼》的原文中有“蠡蠃，蜗牛，螔蝓也”。《广雅疏证》博引《尔雅》等诸书，说明“蜗牛有壳者，四角而小，色近白;无壳者两角而大，色近黑。其实则一类耳。谓之蜗牛者，有角之称。日华子《本草》谓之负壳蜒蚰，蜒蚰即螔蝓之转声矣”。也就是说，蜗牛和蛞蝓是同类，都可以叫螔蝓。关于“蛞蝓”，有将其说成是无壳的说法，也有将其说成是有壳的说法，两种说法并举，没有做任何判断。这些问题不是当前的紧要问题，我暂且保留不做进一步的深入研究。总之，作为训诂学的名物学，最终与考证学合流后回归了。

（1946 年初稿，1953 年夏改稿，1958 年秋节录）

起　源

这里收录的两篇文章是我为他人的著作所作的序，虽然并不是直接考证名物的，但是正如我前面自序中所说，我的名物研究有了划时代的开端是从它们开始的。因此收录于此以做纪念。

《考槃余事》译本的序

《考槃余事》是一本概述对文房清供的书。那么什么叫文房清供呢？即所谓供文雅之士清玩的所有设施，是文人们闲适生活中玩味的对象。跟我国的茶人在茶屋中精心构思、欣赏幽邃玄奥的情趣一样。但是，所谓清供的“清”，与我国的茶人所喜好的“涩味”不同，以清新为宗旨，辅之以雅味。这一宗旨自宋代以来得到了显著的尊崇。

“清”和“雅”两种情趣常常相提并论，但其根源却又有区别。“雅”出自儒家的思想，“清”是以道家的思想为根源的。如《论语》中有“恶郑声之乱雅乐也”;《诗经》的大序中有“雅,正也”。“雅”虽有正之意,但又有“儒雅”“雅训”“娴雅”“都雅”等语,是与“俗”相对立的;进而转变成了指风雅韵事的词语,如“雅怀”“雅致”“雅玩”“雅游”等词语即为此类。“清”是以道家的养生论原则,即“清静无为”的思想为起源的。到了魏晋时期的清谈者之流,与文人的趣味相结合展开端绪,“清玩”“清游”“清赏”“清供”“清事”都是此类词语。唐代司空图的《诗品》中,通过佳士在山庄相会用玉壶买春酒的样子形容“典雅”之趣;通过隐士山中独步探索松溪之幽来形容“清奇”之趣;非常好地区别了这两种情趣的区别。一是儒家的入世,二是道家的出世。

六朝及唐代的文人大都具有较强的享受现实美好生活的倾向,因此其兴趣都是以华丽典雅为主。到了宋代崇尚质朴,渐渐展开了以清新为主旨的风气,此时,意欲保全天真、否定华美的道家的超脱喜好抬头。和过去一样,做情趣生活的记录,专门著述有关清供的文人辈出。以宋代初期苏易简的《文房四谱》为代表,唐积的《歙州砚谱》、米芾的《砚史》、高似孙的《砚笺》、李孝美的《墨谱》、晁贯之的《墨经》、林洪的《文房图赞》等都是论述文房文具的著作,其他还有杜绾的《云林石谱》、赵时庚的《金漳兰谱》、朱肱的《北山酒经》、蔡襄的《茶录》、陈敬的《香谱》等著作。还有一些没有收录任何赏心悦目的器具,而是通论普遍清供的著作,如林洪的《山家清供》、赵希鹄的《洞天清禄集》等。关于茶书,当然都奉陆羽的《茶经》为鼻祖,其他大都是由宋代的文人首开其先河。

但是据《洞天清禄集》记载,唐代张彦远写过《闲居受用》一书,在提到清供的同时,还涉及了醯盐脯等食品,《清禄集》的作者感叹:

“是乃大老姥总督米盐细务者为之，谁谓君子受用如斯而已乎？”总之，唐时清供的爱好还不够纯正，到了宋代才开始变得纯正了。这个风气在元代有一点冷了下来，但是从明代中叶到末期再一次地兴盛起来，这方面的著作也非常多，其余波延至清代。因此清供是近代文人趣味的结晶，是读书人最为文雅的爱好。如果想要了解近代中国知识阶层的生活，首先应该着眼于此。

《考槃余事》是明代清供最为兴盛的万历年间的著作，是聚集精髓而编著的著作。虽然书中几乎完全没有编者独自的见解，但是尽得清供之大观，涉及面之广堪称古今第一。因此想要一窥文人爱好的人，从此书入手，是一个捷径。这也是我把中田勇次郎君的译本作为《丽泽丛书》的一种介绍给大家的原因。

（1943 年 6 月序）

《秘传花镜》译本的序

中华园艺，其历史似乎相当久远。秦代李斯曾建议秦始皇，为了统一天下言论，禁止书籍的流通。在他的上书（参见《史记·李斯列传》）中，却将“医药、卜筮、种树之书”作为例外。也就是说，关于树木栽培法的书在秦之前就已经存在了。后魏贾思勰的《齐民要术》记载了枣、桃、李、梅、杏、梨、苹果、柿、木瓜等的栽培方法。鉴于其作为一本农学书的性质，其内容仅限于果树园艺。但是在那之前，随着王侯贵族庭园的发达，应该已经有了用于鉴赏的草木的栽培。东汉班固的《西都赋》中说到“灵草冬荣，神木丛生”，张衡的《西京赋》中有“嘉木树庭，芳草如积”，都是对禁苑风景的具体描绘，由此可窥见其一斑。唐代段成式的《酉阳杂俎》第十九卷中有提到，隋代曾有过《种植法》七十卷的著作。可能就是《唐书·艺文志》的农家类中提到过的、隋代诸葛颖的《种植法》七十七卷吧。现在对于其内容已经无从考证了，段成式为了论述牡丹的流行是从唐代开始的，而引用了此书。从中没有发现牡丹的名称，从这一点考虑，可以推断出其内容是关于花草的栽培法。另外，《唐书·艺文志》中著录有王方庆的《园庭草木疏》二十一卷，虽然年代不详，但编著如此大部头的专业书，足见庭园鉴赏用草木研究的进步之快。

到了唐宋年间，花草的栽培就更加兴盛了。洛阳的牡丹、扬州的芍药、福建漳州的兰花是最有名的。据说洛阳的菊花也很有名。据宋代王贵学的《兰谱》记载，一般公认菊花有120种、芍药有百余种、牡丹有90种，他收集了50种兰花。兰花野生的品种比较多，而菊花、牡丹、芍药是通过人工培育得出不同的种类，可以说当时的园艺技术已经有了相当的进步。宋代的著作有欧阳修的《洛阳牡丹记》、陆游的《天彭牡丹谱》、王观的《扬州芍药谱》、刘蒙的《菊谱》、史正志的《菊谱》、范成大的《菊谱》、赵时庚的《金漳兰谱》、王贵学的《兰谱》等专著，均流传至今。但是这些都是零星的书籍，关于综合性的大著作，不但《宋史·艺文志》中没有记载，像唐志中著录的《种植法》《园庭草木疏》这样的著作在此时也已经失传了。到了明代，据传有宋诩、宋公望父子编著的《竹屿山房杂部》中有树畜部四卷、种植部十卷(《四库全书总目》子部杂家类七)，周文华的《汝南圃史》十二卷叙述的是花果草木蔬菜的栽种法(《四库全书总目》子部杂家类七)，但是这两本书都属于罕见的书籍。其间还有类似王象晋的《群芳谱》三十卷、王路的《花史左编》二十七卷等，或编辑有关花卉典故的文献，或品评花论花，实际关于种植的书籍非常少。

直至清代初期的康熙年间，出现了陈淏子的《秘传花镜》六卷，即本书的原著。不仅论述了种植的方法、草木的性状及其鉴赏方法，还涉及了禽兽鱼虫的饲养法。因其涉及面广、简单而得要领，且非常方便，故广行流传于世，我国也很早就翻印(安永二年原刊，文政十二年补印)了。作者的生平不详。仅从原书中张国泰的序文可知，他是浙江省杭州人，怀才不遇侨居南京，晚年后返乡，隐居于西子湖畔，喜好园艺而编写了此书。虽然不知此书对现代的园艺在实际上有多大程度的影响，但是我相信想要了解相关中华文化，它是最合适的书。杉本行夫君此次将此译本赠送给我们读书界，一定会非常有意义的。

(1943 年 8 月序)

附记：

据《小学考》第二十六卷记载，陈淏子编写过简单的字典《同文字汇》，于明末崇祯六年(1633)首刻。

名义琐谈

物种无限，品目繁多，难以辨识之物很多。阅读异国书籍时，大概再也没有比这个更让人感到麻烦的事了。如果不了解物品本身，对著作的叙述也就无法理解，即使领会了，也只是个大概，总有隔靴搔痒之感，难以透彻。这是我们阅读中华书籍时经常感到苦恼的事情之一。即使查字典，有很多没有适当的训诂，即使有训诂，其文字的说明也有不少让人觉得难以理解。我读书非常马虎，不求甚解，有很多事物没有搞清楚就放过了。但是那些事物会停留在大脑里的某个地方，常常会有他日不经意间遇到答案的情况。那种时候我内心的愉悦，是每个爱读书的人都能体会到的吧。我就以此种情况为中心，信手写写吧。

炒　面

最近，九州帝国大学的松枝茂夫君送给我一本他的最新译作，是他抄译清代郝懿行的《晒书堂笔录》，以“模糊集”为题出的新刊。和往常一样，其娴熟流利的笔风，让我禁不住一口气读完了。在书的中间部分提到了许多关于食物的名称，其中有一条以“炒面”为题。最近大家每每凑到一起就会谈论关于食物的话题，粮食问题已经是我们战后生活中最为重要的事情。因此，吾辈的迂腐之谈也就先从满足嘴巴的吃食开始吧。

说起炒面，我们大家脑子里都会浮现出类似砂锅煮面一类的食品，即用油炒过后再用鸡汤煮的切面。因此，也就难怪松枝君在“炒面”旁注假名为“やきそば(油炒面)”。然而，郝懿行的《晒书堂笔录》一书中的相关记载大意为：“在北京，从五月份开始就会出现卖炒面的。孩子们在炒面里加上糖水，做成肕肒(油炸食品)，晾干后食用。……这和我老家登莱的名产‘焦面’是一样的东西。它是把大麦碾成粉状再炒熟，非常美味。因此有了焦面的名称。可能古代的干粮就是用这种方法制作的。”从文章的意思来看，很明显，此处的“炒面”不是切面，而是我国风俗中所谓的“炒面粉”“麦香煎”之类的东西。我试着查看了井上氏的《中国语辞典》，其中“炒面，麦的香煎”翻译得很恰当。可是不知道什么原因，井上氏后来出版的《中国语词典》中却订正为“炒面，用油煎的切面”，取消了前著中的翻译。其实这里的解释应该是按照第一义和第二义并存才对的。我曾经从上海的友人那里得到过麦香煎的精品，虽说是他家里的仆人从宁波的乡下带来的，可是粉末非常细腻，用花椒、茴香调了香味，有一种妙不可言的味道。当时我才知道我国的香煎的做法是从中国传来的，扩大了一下我的知识，可未曾明确其名称。这里偶然得知叫作“炒面”“焦面”，心中大快。我国的香煎一般是把麦子炒好后碾成粉，而根据上面的郝懿行的记载，在中国的做法是相反的，先磨成粉再炒。我很庆幸在这里又学习了一点知识。

胍　肫

上文中引用的松枝君的译文中有“こねて(胍肫)、あげものにし(捏成胍肫)”的表述，其中在“胍”旁注的假名为“あげもの(油炸食品)”，也许是“用油炸过的东西”的意思，但是这种标注完全是不恰当的。松枝君也许是请教了做汉语教师的中国人得到的解释吧。但汉语老师在有关汉语这方面，也许是他们太重视面子的缘故，经常对自己不知道的事情胡说一个答案，关于这一点，一定要当心。“胍肫”也可以写作“骨朵”，与现在的北京话中的花蕾、蝌蚪的叫法“咕朵儿”是同源的词语，用来形容圆的、鼓起来的东西。前面炒面中用到的那个词，意思是把麦香煎的粉与糖水和在一起，捏成圆而鼓的形状，晾干后食用。

宋代宋祁的《宋景文公笔记》中记述道：

> 国朝有骨朵子。直卫士之亲近者。予尝修日历，曾究其义。关中人谓腹大者为胍肫。上孤，下都(上字音孤，下字音都)。俗因谓杖头大者亦为胍肫。后讹为骨朵。朵从平声，然朵难得音。今为军额，固不可改矣。(改疑为考之误)

南宋程大昌的《演繁露》第十二卷中引用《宋景文公笔记》的佚

文道：

> 俗以檛为骨朵者，古无稽据。国朝既名卫士执檛扈从者为骨朵子班，遂不可致。

综合考虑上述这两段文章，北宋时期，禁中直卫士有“骨朵子班”，他们拿的仪仗是“檛”，即俗称为“骨朵”的东西，因而得其名。“檛”在字典中的解释是“箠也，策也”，原意是马鞭。而“骨朵”在《辞源》中引用了《武备志》的解释，即“兵器。棍棒之端，大首如蒜头者，以铁或坚木为之。其字本作胍肫，谓大腹也，音转为骨朵”，还载有蒜头骨朵的绘图。虽然《武备志》是明代茅元仪的著作，但是据此可以推测宋代骨朵的形状大体也是这样的。还有明代周祈的《名义考》第十二卷中有“骨朵”一条，“今又范铜为之。宿卫人所执者是也”。清初高士奇的《天禄识余》下卷有：“骨朵，宿卫人所执。宋卤簿中有之，即今长柄手檛之类。”从这些可以知道，这个东西随着时代而有所变迁，但是直到清初都是作为仪仗来使用的。现今北京送葬的队列里使用的类似仪仗的物品中，有俗称“立瓜”“卧瓜”的东西。如其俗称所示，在长棒的前端有一个似瓜形状的，或横着或竖着的东西，我想那个立瓜或许就是骨朵的遗风吧。

〔补遗〕明代时期朝鲜人著的《朴通事谚解》中，列举了元朝官僚队列的仪仗，其中有“金瓜、古朵、金镫、板斧”。参考此，足以证明“卧瓜”相当于“金瓜”，“立瓜”相当于“古朵”。

有关“骨朵”的词源，诸家都有不同的论点。宋祁在前面提到的文章中解释为“腹大者”，即把布袋肚子称为“胍肫”，继而将杖的头部鼓起来的东西称为胍肫，后讹传为骨朵，即檛的头部大而且鼓起来，所以称为骨朵。然而《宋景文公笔记》之后附录的南宋宝庆二年李衎的跋文中否定了这一观点，他认为，“檛”字古代写为“菒”，从某个时代使用骨作为装饰，故才称之为“骨菒”。后世官厅的公文中省略了草字头，写成了“朵”。“菒”与“朵”的字音相近，发音不准就成了“骨朵”。《名义考》的第十二卷中也有相同的说法。也就是《说文》中有“檛，箠也，本作菒”，“菒”字与“檛”“篙”字同，这个东西最开始是木质的，所以用木字旁的“檛”，到了后来用竹子做就变成了竹字头的“篙”，后来又用骨头做装饰就变成了“骨筞”，再后来把“筞”字的竹字头省略就变成了“骨朵”。这个观点主要是从字形方面来说明的。而南宋的程大昌和宋祁一样是从字音方面立说。他的《演繁露》的第十二卷中记载，“箐”“檛”的字音都是从竹瓜反切得来的，通用“檛”。“篙”是徒果的反切的发音，“檛”字演变成了“骨朵”，和“而已”变成了“尔”、“之乎”变成了“诸”是同类的。本人对于文字音韵的学问不了解，不知道这些学说中哪一个是正确的。李衎、周祁的字形说中“因为用骨头做了装饰，所以说是骨朵”是不够确切的。如果是改变字形，为什么不新造一个以骨为偏旁加上朵的字呢。所以还是觉得似乎字音变化的观点是正确的。但是程大昌以“而已”的音短缩后变成“尔”作为例证举例，与“篙”的音延长后变成了“骨朵”是相反的，不得要领。《宋文景公笔记》中列举了数百种古语的一个音在俗语中延长为两个音的，举例有“团”延长成“突栾”、“精”延长成“鲫令”、“孔”延长成“窟窿”。如果支持程大昌的论点，是应该用这类词语来举例的。但是如果“簻”的音延长后是否能成为“骨朵”我无法保证(从形声字的理论来讲是可能的，也许在竹瓜的反切、徒果的反切以前是读“过”的音)，那么就存在成为“骨朵”的可能性。

宋祁依据关中方言中把布袋肚子称为胍肊这一点，认为檛的头部是圆且大而鼓的，因此俗称为胍肊，转而成为骨朵，但是也可以说由于檛像俗称为骨朵的头部一样中间是鼓起来的，从而产生了胍肊这个关中方言。因此如程大昌所说，“骨朵”是“檛”的转音的说法，从语言的沿革上来看不是更加合理吗?

〔补遗〕《尔雅·释鱼》篇中有“科斗，活东也”，注曰：“虾蟆子。”也就是蝌蚪。这是非常古老的词语。结合它的形状考虑，骨朵、胍肊的语源应该是源于此。

把花蕾称为“骨朵”，这从明代的著作中就可以看到了。万历年间的《名义考》第十二卷中有：“今人称花含胎者曰骨朵。上敷下枝，与檛类也。”另有崇祯年间方以智的《通雅》第四十七卷中有：“今北京呼花蕊亦曰胍肊。”可以看出当今“北京话”咕朵儿就是由此而来的。这是从“俗以檛为骨朵”的转义。然而，高士奇的《天禄识余》中有“《宋景文公笔记》云，关中人以腹大为胍肊，胍音孤，肊音都。俗因谓杖头大者为胍肊，后讹为骨朵。今京师犹有此称”。也就是说“杖头大者”称为“胍肊”这一宋代的俗语，直到清初的北京还流传着。从这一点考虑，郝懿行记录的北京的炒面，孩子们加上糖水，捏成“胍肊”的说法，似乎是使用了北京的俗语。也许是指把炒面块用竹签或者什么尖头的东西插上，做成所谓“杖头大者”的形状后晾干的食物。

为了慎重起见，我查阅了郝懿行的《证俗文》，其中仅第十七卷中列举了《宋景文公笔记》的“关中人以腹大为胍肚”，还引用了《集韵》的“一曰，椎之大者”等，以及《天禄识余》的“骨朵”一条，没有谈及其作为当时北京的通用语的意义，非常遗憾。另外，清代翟灏《通俗编》的第三十四卷中有“今凡纳闷而气胀于唇颊之间，俗诮之曰嘴胍肫。元乔孟符曲作嘴胍肫”。也就是把鼓着的面孔称为“嘴胍肫”，这也属于“以腹大为胍肫”的系统。

包　浆

非常抱歉，在这里我要涉及年轻时的盐谷节山先生了。先生自称当年背着背箱在长沙修曲学，叩叶德辉先生的底蕴，回国第一声的国译汉文大成《桃花扇》传奇的开卷第一页副末开场词的开头，有“古董先生谁似我，非玉非铜，满面包浆裹”一句，对“包浆”二字注解:“在脸上涂粉，以演戏剧。”当时我对于这一异想天开的解释瞠目结舌。虽然当时我也不知道这两个字的意思，但即便是望文生义，也无法认同他的解释。于是在《儒林外史》的第十一回中我找到了下面的用例，即杨执中在赤贫的情况下一边抚摸着自己秘藏的手炉，一边向邹吉甫炫耀的那一段:

> (杨执中)因将炉取在手内，指与邹吉甫看，道:“你看这上面包浆，好颜色。今日又恰好没有早饭之米，所以方才在此摩弄此炉，消遣日子……”

由此可以想象，“包浆”是指古董发出之光，所以我更加对上面盐谷先生的解释感到不安了。我曾经就此问过东北(帝国)大学的汉语讲师傅棣华先生，他回答说:“我没有听说过这个词，在北京话中把砖砌好上面的光泽称为灌浆,由此类推,您的说法应该是正确的。”

后来,一个偶然的机会,我遇到了可以佐证我见解的两个文献,即明代张丑的《清河书画舫》和清代施闰章的《砚林拾遗》，其中有以下明确的解释：

> 鉴家评定铜玉研石,必以包浆为贵。包浆者何,手泽是也。故法书名画不可频洗，频洗则包浆去矣。(《清河书画舫》申集,“米芾”条)
>
> 余友有癖砚者。每晨盥面水移注木盆,涤以莲房,浸良久,取出风干。水气滋渍,积久有光,俗所名包浆也。(《砚林拾遗》)

也就是说“包浆”是古董家们的专业术语，以叶德辉这样知识渊博的人是不可能不知道的。当时节山先生所说的叩叶先生之底蕴，或许是只顾着敲“底”，而没有打开开卷第一的“盖子”吧。

油脚·茶脚·酒脚

最近，杉本行夫君翻译的《秘传花镜》由弘文堂出版了。我校阅其文稿的时候，发现杉本君向我提出的疑问中“桐油脚”一词。即原著第二卷的“治诸虫蠹法”条所记载的“桐油脚入粪，浇蔬菜，亦能

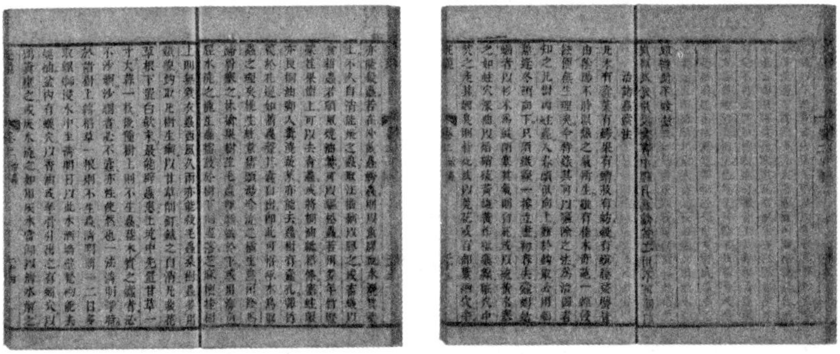

《秘传花镜》书影

去虫”。我当时也不理解，就想象着可能是指油渣。这个问题一直留在心里。后来在翻阅《学津讨原》本的宋代无名氏的《香谱》时，在卷下“牙香法”条中我发现有这样的记载：“先用苏合油一茶脚许，更入炼过蜜二斤，搅和令匀。”受此启发，我又查了《佩文韵府》，其中仅找到了元代宋无的诗句“茶脚碧云凝午碗，酒声红雨滴春槽”（查本集按曰诗题为《许山人家》）。

那么“茶脚”是指什么呢？我从宋代蔡襄的《茶录》中找到了解答这个问题的钥匙。其“点茶”条中的“茶少汤多，则云脚散，汤少茶多，则粥面聚”，与宋无的“茶脚碧云凝午碗”对照来看，蔡襄所说的“云脚”即是“茶脚”，宋无所说的“茶脚碧云”即是“云脚”。如果是这样，那么“云脚”又是什么呢？要了解这个问题，不得不参考蔡襄记录的点茶法。此法曰：

茶少汤多，则云脚散；汤少茶多，则粥面聚。钞茶一钱匕，先注汤，调令极匀，又添注入，环回击拂，汤上盏可四分则止。眎其面色鲜白，著盏无水痕为绝佳。建安斗试，以水痕先者为负，耐久者为胜。故较胜负之说曰，相去一水两水。

这里建安也就是现在的福建省建瓯县的茶法。福建省建瓯一带是唐宋以来有名的茶叶产地，其饮茶法是把抹茶用小勺“环回击拂”点茶，而不是使用茶筅。这一点可以从此书的“茶匙”条所记载的“茶匙要重，击拂有力。黄金为上，人间以银铁为之。竹者轻，建茶不取”中了解到。我曾经为了试一试这个方法，让妻子用画家们使用的水平仪，还有用来舀洗笔用水的铜勺洗干净当作茶匙，然后称了一钱抹茶放入茶碗。妻子非常吃惊，眼睛都瞪圆了说：“要放那么多茶吗？”这时一旁的长女解释道：“那是浓茶吧。”我询问其沏茶之法，她说：“我还没有学到，不过看别人沏的时候，使用茶筅搅拌成糊状。”我随后让她按其所说的做了一下，沏成的茶成了薄糊状的浓浓的液体。想来这就是蔡襄所说的“汤少茶多，则粥面聚”。然后稍微加了点开水搅拌，就变成了一片一片似云非云的薄茶。这一片片的样子大概就是“茶少汤多，则云脚散”吧。至此我才恍然大悟。因此，所谓“著盏无水痕为绝佳”就是指水和茶的粉末成为一体，表面没有水分游离的状态吧。所谓“建安斗试，以水痕先者为负，耐久者为胜”，也就是说茶分子越不容易沉降的越是好茶，沉降快的茶就是不好的。宋代梅尧臣的《李仲求寄建溪洪井茶七品》诗中有：“末品无水晕，六品无沉柤。五品散云脚，四品浮粟花。三品若琼乳，二品罕所加。绝品不可议，甘香焉等差。”似乎比起没有水痕的，云脚分明的是上品。“云脚”又称为“霞脚”，唐代曹鄴的《故人寄茶》诗中有“碧沉霞脚碎，香泛乳花轻”[①]，说的就是这种情况。这首诗中所说的是，沏茶时，随着环回击拂，云脚散了，表面出现了乳花，即泡沫的状态。

〔补遗〕宋代的《东溪试茶录》的“茶病”一条中有“芽择肥乳，则甘香而粥面着盏而不散。土瘠而芽短，则云脚涣乱去盏而易散”。我想意思是说，叶芽肥而糯的沏出来的茶黏糊糊的，就像表面（粥面）沾在碗上。贫瘠的土地上长出来的茶，黏性不足，水中的粉末一片一片（云脚）的，容易散开。

综合可知，“茶脚”一定就是沏茶时抹茶的浓液。那么前述《香谱》中的“一茶脚许”是指什么呢？可能就是这种点茶法的一杯浓茶的量吧。这里所指的一杯的量，根据蔡襄所说是“汤上盏可四分则止”，可能是茶碗容量的四成吧。当然也要看茶碗的大小，估计大体也都是有定量的。

除了茶脚之外，酒也使用了“脚”字。我查阅了《佩文韵府》中，有“酒脚”“醅脚”“腊脚”等词。“醅”是酒糟，“腊”是腊酒，即旧历十二月酿造的酒。宋代石介的《岁晏村居》诗中有“天寒酒脚落，春近牖头香”。陈造的《寄陈居仁》诗中有“野店樽罍醅脚酽，比邻鸡鹜稿头肥”。陆游的《梅迁坞小隐》诗中有“雨前芳嫩初浮碗，腊脚清醇旋坼泥”。陈造的诗中所说的“醅脚酽”中“酽”字的意思是指液体浓厚。陆游的诗是对刚刚榨好的浓厚清醇的腊酒的形容，“坼泥”是指做出浓厚如泥的酒。石介诗中的“酒脚落”是指酒发酵好后酒糟沉淀的意思吧。从这些可以看出，当时似乎是把没过滤的酒的沉淀物称为

① 出自《全唐诗》，另有说是李德裕的诗。

“脚”的。

〔补遗〕查阅宋代朱肱的《北山酒经》，“脚”是指醅或成为醅的基础的流动物。例如，“酴米”一条中有“酴米，酒母也。今人谓之脚饭”，这里说的是脚的原料。“卧浆”一条中有“六月三伏时，用小麦一斗煮粥为脚”，说的是成为醅的基础的是粥。“投醹”一条有“天暖时二分为脚，一分投。……如极寒时，一分为脚，二分投”，说的是已经成为醅的脚，“投”是指为了给醅增量追加饭。还说到“一法只看醅脚，紧慢加减投”，是说醅的浓度的，醅就是“醅脚”的意思。

还有清代袁枚的《随园食单》中有“大概酒……以初开坛者为佳，所谓‘酒头茶脚’是也”。所谓“酒头”如果如《随园食单》所说是指刚开坛的话，与之相对应的“茶脚”就是指茶罐里剩下的福根的意思，可是这也太不合乎常理了。所谓“酒头”应该是指酒坛刚刚打开，即最上面的最清醇的酒，相对应的茶汁应该是沉淀在最下面的浓厚的最美味的部分。这里的“茶脚”应该与前面《茶录》等提到的内容不同，不是指抹茶，而可能是煎茶，或者是把茶叶直接放入茶碗后倒入开水沏泡的茶。并且，《随园食单》的“虾饼”一条中可以看到有“甜酒脚”一词，这是一种调料，有如我们使用的甜料酒。另外，近来上海出版的《食谱大全》中提到使用“白酒脚”作为蒸馒头的发酵剂。也就是说，“酒脚”一词现今依然在使用。如果去酒坊或者馒头厂问问应该立刻可以找到答案，但是现在没有这么方便，所以暂时仍然还得继续我的纸上谈兵。关于“白酒脚”，我找到了一点线索，即清代顾仲的《养小录》(《学海类编》本)的卷中记载有“嘉兴糟油”的做法：“十月，白酒内澄出浑脚，并入大罐。每斤入炒盐五钱，炒花椒一钱，乘热撒下，封固。至初夏取出，澄去浑脚，收储。”这个方法就是把白酒澄清后取出浑脚，然后装入大罐，继而加入盐和花椒，过上半年再澄清浑脚就得到了糟油。由此可以推断，白酒的原料澄清后，上面澄清的部分就是白酒，混浊的沉淀物就是“浑脚”。可是似乎与酒糟又不同。同书的“浙中糟油”条中有“白酒甜糟，用不榨者五斤”等，记录了以甜酒为原料的糟油的做法。想来是把“浑脚”进一步滤除液体后叫作“甜糟”吧。而且这里所说的“浑脚”一定相当于《食谱大全》中的“白酒脚”，可以想象白酒脚是比糟的水分多，并呈黏糊状的白色混浊物吧。

回过头来考虑《秘传花镜》所说的“桐油脚”，以白酒脚的情况类推，可以理解为桐油的沉淀物。但是由于我目前仍然不了解桐油的做法，所以无法知道那个沉淀是通过怎样的操作产生的。明代宋应星的《天工开物》的“膏液”一条中记载了多种取油方法，即“凡取油，榨法而外，有两镬煮取法，以治蓖麻与苏麻。北京有磨法，朝鲜有舂法，以治胡麻。其余则皆从榨出也”。假设制作桐油的时候不使用榨法，而是把桐子采用磨法或者舂法取油，油向上浮，渣滓向下沉淀，把油取出后剩下的就是混着油的渣滓，可能这就是“油脚”吧。所以可以想象，就是比我国当作肥料的油糟还更加油的东西。

茶　蘼

这次轮到说我了。二十年前，我读宋代陈櫄的《负喧野录》时，其中“笔墨砚”一条中有如下论述：“藏墨当以茶蒻包之，又以绵裹而入于椟，则蒸滃不能入。”当时我也没有确认“茶蒻”为何物，就把现有的茶叶渣晾干后放入箱子里，再把从上海买来的墨放在里面保存。如此一来，有如把鸡蛋埋在米糠里防止其破损一样，并且独自得意这是个妙法。这样，我在不知不觉中忘记了原著的字面，“墨的保存只有用米糠才可以”成了我武断的常识。去年顺手翻看《负喧野录》时我吃了一惊，因为发现自己并不知道“茶蒻”究竟为何物。我一直惦记着这个问题，也问过两三个博雅的君子，但大家都皱眉摇头表示不大清楚。吉川幸次郎君索性说：“我听说过把墨放在茶叶的残渣里保存比较好，茶蒻不就是茶叶渣吗？”闻听此言，我内心暗自感到有点羞愧。似乎是二十年前我跟他胡说八道的话，记忆力好的吉川君就此记住了。但同时我又想，吉川君如果是从中国的博学之士那里也听说过类似的话，说不定我歪打正着说对了。就这样，在半信半疑中几个月就过去了。

有一天，我翻阅明代顾元庆的《茶谱》(和刻，与《茶经》合刊)，其中“藏茶”一条中有：

> 茶宜蒻叶而畏香药，喜温燥而忌冷湿。故收藏之家，以蒻叶封裹入焙中，两三日一次用火，当如人体温。温则御湿润，若火多则茶焦不可食。①

关于这一记录，《考槃余事》的“茶笺”中也有类似的文字，记得

① “当如人体温”的“当”字，根据宋代蔡襄的《茶录》，应当是“常”才对。

前年我校阅中田勇次郎君的译稿时应该是看到过的。《考槃余事》中写的是“茶宜箬叶而畏香药”，因为文字不同，所以我可能是看漏了。记得中田君文稿中的“箬”字旁注为“山白竹”。本来前面提到的《茶谱》中的记载原本就是引用了宋代蔡襄的《茶录》，《百川学海》中的《茶录》据称影印了南宋咸淳年间的版本，其中依然是“蒻叶”。然而顾元庆自编的《顾氏四十家小说》所收录的《茶谱》中写的是“篛”。清代刘源长《茶史》第一卷中引用的文章中用的是“箬叶”。“篛”与“箬”是同一个字，也就是我国的山白竹。但两者又不完全相同。《说文》中有“蒻，蒲子。可以为平席，世谓蒲蒻”。段玉裁注解为“蒲子者，蒲之少者也”。《辞源》中有“蒻，蒲蒻也，即香蒲之嫩者”的解释，还说“香蒲……其叶可制席扇及裹物之蒲包”。而且过去相对于“蒲蒻”，细竹称为“竹蒻”。例如，后魏贾思勰的《齐民要术》第八卷，记录“鲊”的做法中有“鱼上多与糁，以竹蒻交横帖上”的字句，可见当时似乎还没有开始使用“篛”字。然而宋代的《广韵》中“箬”的注解为“竹箬”。也许是后来的人创造了竹子头的字以便区别二者。那么，为防止茶叶受潮究竟用了两者中的哪一个呢？宋代梅尧臣的《答宣城张主簿遗鸦山茶》诗中有“竞收青蒻焙，不重漉酒纱”之句，还有《吕晋叔著作遗新茶》诗中关于团茶包装的描述有“每饼包青蒻，红笺缠素茼”。欧阳修的《尝新茶呈盛俞》诗中有“建安太守急寄我，香蒻包裹封题斜”之句。梅尧臣（圣俞）的答诗《次韵和永叔尝新茶杂言》中也有“青蒻包封来海涯”之句。这些诗句用的都是“蒻”字，可以作为旁证。综上所述，宋代的诗文中用的都是“蒻”字，而明代以来的书中用的都是“篛”或“箬”字，可以推断，这是后来的人没有好好研究明代的书，而肆意更改的。并且如果是把 茶包裹起来干燥，山白竹的叶子和香蒲应该都好用。可是包装团茶的话，山白竹的叶子太粗了，而香蒲的嫩叶比较柔软，后者更加适合一些吧。山白竹叶适用于“篛笠”这种粗糙制品，现在还可以看到从上海进口到我国的宣纸的包装，还是采用竹叶包起来放在竹笼中，也许那就是“篛”吧。可是如果用这种东西包装茶叶还是有问题的。总之“蒻”字是正确的，可以判断宋代使用的是这个东西。

由于“蒻”，即干燥的香蒲的嫩叶适合用来干燥茶并防潮，所以蔡襄《茶录》的下篇“论茶器”中有“茶焙，编竹为之。裹以蒻叶，盖其上以收火也”，还有“茶不入焙者，宜密封裹，以蒻笼盛之，置高处不近湿气”。前面梅尧臣的诗中所说的团茶的包装上使用青蒻也是为了防潮。至此可以看出，利用蒻叶的性状预防墨胶吸潮是《负喧野录》作者的主意。但是为什么特意称为“茶蒻”呢？是因为常用“蒻”包茶故俗称为“茶蒻”呢，还是因为用团茶包装的废弃物——“蒻”来保存墨呢？这里仍然留下了一个疑问。

香蒲

（1944 年 8 月《中国学》）

〔补遗〕明代以后的著作中包团茶的“蒻”往往写成使用竹字头的“篛”或“箬”。这一点在前面提到的明代的《茶谱》《考槃余事》、清代的《茶史》的例子中都很明确了。可以确切证明其是妄改的例子，前面已经列举了欧阳修的《尝新茶呈圣俞》诗中的“香蒻包裹封题斜”，清代《茶史》第二卷的引用改成了“香篛”。还有宋代赵汝砺的《北苑别录》，在这本记录建安团茶制作方法和其他内容的书中，有两处谈及团茶的包装的文字，现在的《说郛》本、《五朝小说》本、《读画斋丛书》本，其中记录的都是“圈以箬叶”。虽然我并不是想用古书来更正，但宋代周密的《乾淳岁时记》中记录北苑的贡茶中有“藉以青蒻”，这足以佐证了吧。

之所以会把蒲蒻误用为竹篛，想来是因为明初洪武年间，太祖为了节省民力，敕命禁止制造团茶，仅许制造叶茶，所以人们对团茶的知识就变得浅薄了。即便罕有制造团茶的人，也都是粗制的，并且是用竹叶包的。所以就出现了认为“篛”是正确的进而妄改古文献的人。现今还保留团茶做法的就只有云南省的普洱山产的所谓的“普洱茶”了。近年编著的《梵天庐丛录》的第三十六卷中有“普洱茶……蒸制以竹箬成团裹。产易武、倚邦者尤佳”。明代罕有制作，可能也是上面这种包装。但是宋代的盛行时期，特别是精品，是用软的蒲蒻包裹的。

（1958年补）

柘　浆

《汉书·礼乐志》所载，汉武帝时创作的《郊祀歌》的十九章中，《景星》一章中有“泰尊柘浆析朝酲”的句子。应劭注曰：“柘浆，取甘柘之汁以为饮也。酲，酒病也。析，解也。言柘浆可以解朝酲也。”就是说这种饮料有解宿醉的功能。并且，“柘”的字音是“之夜”的反切，与“蔗”的音是相通的，“甘柘”是指“甘蔗”，也就说“柘浆”就是甘蔗榨的汁。

甘蔗本来是从东南亚进口到中国的，甘蔗汁可以解宿醉也是根据南蛮人的口传得来的。晋朝嵇含的《南方草木状》云：

> 诸蔗一名甘蔗。交趾生所者，围数寸，长丈余，颇似竹。断而食之甚甘。榨取其汁，曝数日成饴，入口消释。彼人谓之石蜜。（中略）南人云：甘蔗可消酒。又名干蔗。司马相如《乐歌》云“太尊蔗浆折朝酲”，是其义也。

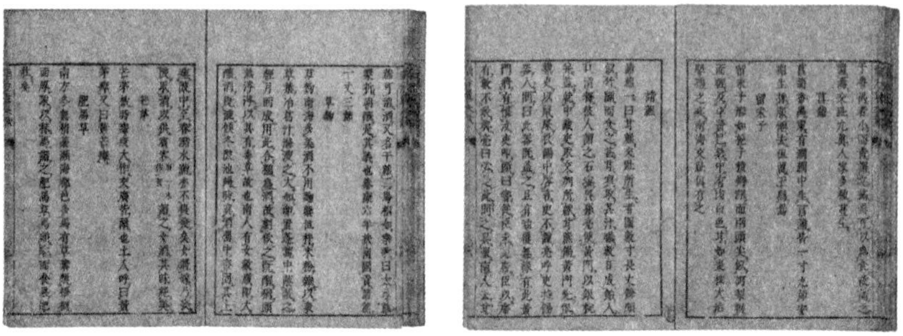

日本刻《南方草木状》书影

文中司马相如的《乐歌》，不言而喻指的就是前面的《郊祀歌》。《汉书·礼乐志》中也记载有，汉武帝时成立·乐府，采用司马相如等数十人的诗赋做成了乐歌。据说含有“太尊蔗浆析朝酲”一句的《景星》就是司马相如的作品。

东南亚原产的甘蔗首先是从交趾传入楚国的，也就是从越南北部经过两广（广东、广西）地区，移植到湖南、湖北等地方（楚地），这就是它大致的传播途径。之所以这样说，是因为《楚辞·招魂》篇中有“胹鳖炮羔，有柘浆些”，从中可以看到柘浆的名称。还有司马相如的《子虚赋》中，说到楚国云梦泽特产的植物，列举了“诸柘巴苴”的名称。张揖的注解中将“诸柘”叫作“甘柘”，与前面引用的《南方草木状》中的“诸蔗”相同（顺便说一下，巴苴是芭蕉）。还有同被传为司马相如的作品的《郊祀歌·景星》一章中提到的用作祭祀的“柘浆”，可以推定是楚国的名产甘蔗被进贡到了帝都长安，从此物种传播的路径看楚国是重要的地点。可是《郊祀歌》中柘浆的用途明显是饮料，而《楚辞》中出现的却主要是作为调料使用的。其中“胹鳖炮羔，有柘浆些”，东汉王逸的注解是：“言复以饴蜜胹鳖炮羔，令之烂熟，取诸柘之汁为浆饮也。”意为吃着菜肴，同时把甘蔗汁当作饮料饮用。估计这是王逸根据汉代的情况做出的推断。但我觉得这样理解有些牵强。现在平心静气地体会这两句，应该把柘浆看作是组成这一料理的一部分材料。并且通观《招魂》篇中叙述饮食的美好的一段，关于饮料在后面的章节中集中赞扬了蜜和酒的美味，因此把这个柘浆看作是调料是合理的。而且清代蒋骥的注解中也没有采用王逸的解释，而是解释为用柘浆烹饪鳖和羊羔。可是姑且不论鳖，羊羔是烤好的，应该没有再用柘浆烹饪的必要。我认为可能是把煮好的鳖、烤好的小羊蘸着柘浆吃的意思。其相类似的例子有，《楚辞·大招》篇中有非常相似的叙述“鲜甘蠵鸡，和楚酪只”（把生鲜的大龟和肥鸡用楚酪拌）。酪是指带有酸味的饮料，因产于楚国，故称为楚酪，此文中有“和”字，可以判断酪是当作调料来使用的。《招魂》中的用法与此类似，应该是用“有”字替换了“和”字。如此想来，那个时候的甘蔗汁与其说是作为饮料，还不如说是作为调料来使用的。并且再加上一些想象的说法的话，甘蔗的原始吃法在后世也一直在采用，就是嚼着吸汁的方式，所以榨汁取浆应该就是仅限于当作调料使用的了。

前面引用的《南方草木状》，在南方交趾（当时的法属印度支那）把甘蔗汁在阳光下暴晒，形成饴糖状，称为“石蜜”。而北魏时期的《齐民要术》第十卷的《异物志》中，把交趾的产品区分为两种，即把甘蔗汁做成糖稀一样的东西称为“糖”，然后把它晒干凝固成“砖”一样“结晶”的东西称为“石蜜”。原文有脱落和错误，无法完全理解。

似乎是说，成为糖稀一样的称为“糖”，而像硬糖一样的称为“石蜜”。并且，关于“糖”被认为是糖稀状的东西的观点，《江表传》中有以下的记录（根据《渊鉴类函》“甘蔗”一条）。三国时，吴主孙亮曾派近侍去仓库取交趾进献的“甘蔗饴”（与糖相同）。由于那个侍卫一直对仓库管理人记恨在心，想陷害他，就放入老鼠粪。孙亮在检查出老鼠粪后说，如果是仓库管理人的疏忽，那么粪的里面应该是湿的，而现在里面却是干的，由此可以判断老鼠粪是刚刚放进去的，孙亮从而识破了近侍的奸计。由此可见“甘蔗糖”是湿的糖稀状的东西，而不是干的硬糖状的东西。

中国生产此类加工产品是从唐代开始的。《唐书·西域传》记载，太宗在贞观年间派使者去摩揭它国（印度的一部分）学习“熬糖”的方法，然后从扬州运来甘蔗制作，做出来的东西色、味均比西域的产品好，但没有明确记录那个产品是什么样子的。后来还制作出了沙状的糖，即我们所说的砂糖，当时称其为“糖霜”。据宋代王灼的《糖霜谱》记载，唐太历年间四川遂宁的年山来了一位出处不明的僧人建了一座寺庙。有一天，他养的骡马吃了山下一个农家的甘蔗苗，这家人为此要状告僧人，僧人作为赔偿把糖霜的制作方法教给了他，据说这就是遂宁产糖霜的起源。这只是记录了当地的传说，不足以为信。但是糖霜的制作是从中唐太历年间开始的这一点，或许传达了真相。据白井光太郎博士的《本草学论考》所收录的《砂糖的来历》记载，我国醍醐帝（897~930）时代，太医博士深江辅仁奉敕撰写的《本草和名》中已经有甘蔗和砂糖的记载，圆融帝（969~984）时代的《本草类篇》中也记载有砂糖，产地是唐。由此可见，那个时候砂糖已经从大陆输入到我国了。醍醐帝时代相当于唐末到五代初，圆融帝时代相当于宋太祖、宋太宗的时代。既然当时我国编写的著作中就已经记载了砂糖，那么在中国从中唐时代就开始制作糖霜的传说并不是不合理的。但是据《糖霜谱》记载，"沙糖"是"糖霜"的粗制品，不过概括来说都是我们所说的砂糖。

王灼的《糖霜谱》似乎是北宋末叶编著的，详述了作者的家乡遂宁的制糖业。据其记载，当时糖霜的著名产地有福唐（福建省福州）、四明（浙江省鄞县）、番禺（广东省广州）、广汉（四川省新津）、遂宁（四川省遂宁），其中遂宁产的品质最好，其制作方法与现在的方法大为不同。大致的方法是：把甘蔗汁煎煮后蒸，成为稀薄的糖稀状后放入坛子里，再在其中插入竹子，逐渐地竹子上就会有糖霜的结晶附着，半年多后，就会成为大小的块状，像钟乳洞似的状态。然后把坛子暴晒几天，里面的糖变硬后就可以取出了。同一个坛子中，由于附着的情况不同，有品质好坏之分，"堆叠如假山"，即像假山石那样堆积起来的为最上品，"团枝"即竹子上一团一团附着的为略次，"瓮鉴"即沾在坛子上的为再次，"小颗块"为更次，"沙脚"为下等品。颜色以"紫"（红砂糖一样的颜色）为最上品，"深琥珀"略次，"浅黄色"再次，"浅白"为下等品。对于所谓"沙脚"没有明确的说明，大概就是坛子底部成为沙状堆积的产品吧，也就是所谓的"砂塘"。想来"糖霜"堪比精制白糖，"沙糖"相当于黄粗糖类的，同一坛子中出现两个不同的种类比较有趣。只是既然称为"霜"，颜色却不是以纯白的为最好，而是以紫色为最上等，黄色为次等，白色为下等，让人感到有点奇怪。

后来蔗糖的制作方法随着时代变迁，而发展到了今天。可是在南方，原始的甘蔗的生吃一直很流行。上海那边坐火车的时候，有不少人拿着一把切成二尺长的甘蔗秆上车，嚼完的渣滓吐得到处都是。稍微文雅一点的，把甘蔗去皮后切成五分厚度的圆片，放在盘子里当作茶点。甘蔗有种新鲜的味道，比较清淡，比起砂糖点心更适合我们这些酒徒的口味。还有店铺售卖使用简单的工具榨出的甘蔗汁。古代被毕恭毕敬地装在“太樽”中的“柘浆”，虽然现在被装在了点心店的杯子里，可是古老的传统绵延不绝地流传至今，如丝如缕的历史仍然在延续，令人怀念。并且一想到它还是“析朝酲”，即化解宿醉的妙药，就更加令人怀念了。我想起年轻时与石浜君在宇治开怀畅饮，醉态百出后，第二天由于宿醉头都抬不起来的事情，现在正值他花甲之年，献上一杯柘浆以表祝贺。

（1946年稿）

附言：

1946年，有人提议以论文祝贺大壶石浜纯先生六十岁寿辰，其友人和弟子一共收集了五十多篇。可是战后的局势不允许这么庞大的书籍出版，大家就以原稿呈献给先生，并且一直收藏在先生那里。此次我请求先生把书稿寄赠给我们研究所，逐次在“研究所论丛”上发表，觅期出版。本篇是其第二篇。

壶井义正　记

（1952年4月《关西大学研究所论丛》）

柚香头

《太平记》第三十五卷，“南方蜂起事件”的一条中有一首打油诗，是讽刺皇族一方的汤河庄司倒戈向将军一方，想要攻取阿濑河入道的城池却失败了，文字如下：

宫方之鸭头，犹如汤川入宫廷，不闻丝毫香。[①]

喜多村信节的《嬉游笑览》一书饮食部中列举此例，“汤之川”寓指“柚之皮”[②]，这一点是没有异议的。而“鸭头”指“口头”[③]是错误的，并且“这相当于当今的吸口（放在汤里的芳香佐料）”的解释也不够充分。高田与清《松屋笔记》的第九十五卷、北慎言《梅园日记》的第五卷中都提及此事，他们都把“鸭头”译作“香头”是正确的，但是仍然解释为“吸口”。“香头”是“香料”的意思，而“吸口”也是一种“香

---

① 译者注：日文为：宫方の鴨頭になりし湯の川はみやこに入りて何の香もせず。

②③ 译者注：日语发音相同。

头”，不过是仅限于汤的香料。我从小就听惯了“香头”，也用惯了这个词，但把它解释为“吸口”，却觉得不够全面。

本来这个词很早就从江户（今东京地区）和上方（今京都地区）消失了，但在日本广岛一带却作为方言流传下来。《梅园日记》中记录了其缘由。

东涯先生的《阅史随抄》中有：“……有个人，去防州宇都宫氏的家中聊天。（主人）摆出酒食，并唤仆人将‘口头’端出来，很快就端出一物，仔细看去，原来是柚子的吸口。……”按《秉穗录》中有：“剥下绿色的柚子皮，放入酒杯中，安芸①人称之为鸭头。”慎言（作者）问于其人，答曰：不仅仅是放在杯中的柚子，所有的青柚子都称作鸭头。关东地区的相模小田园一带的乡村亦有此说法。云云。

可是在我的故乡下关，不仅仅是青柚子，连撒在切面上的香葱末都叫作“香头”，而著名的河豚什锦火锅中更是不能没有“香头”——香葱。所以我小时候就认为“香头”就是香葱末，香葱几乎成了香头的代名词。而且在我老家，每当款待客人的时候，就会做一种叫作“鱼饭”的食物。那是一种把米饭配上什锦寿司的材料和清汤一起端上来，然后客人任意地把什锦材料放在饭上，浇上清汤吃。还会加上碎海苔、芝麻、紫苏的嫩芽、蘘荷末等各种应时的香料，这些也都称为“香头”。由于这种“鱼饭”一定要有鱼肉末，所以被称作“鱼饭”，而实际上似乎更像是过去的“芳饭”的遗风，再加上点“鱼饭”的情趣。

《嬉游笑览》一书中之所以使用“口头”这个音译词，可能是受“吸

① 译者注：广岛。

口”的“口”字启发而想到的。整体上这个词是从汉语的“香头”这一俗语得来的，中国到现在还在使用这个词语。近年出版的烹饪书《食谱大全》（上海，世界书局发行）中有“麻油三钱，这是香头。大蒜二根，这亦是香头”。书中还有“麻油二钱，这是香料”之说，“香头”和“香料”是作为相同的意思使用的。如果要做区别，“香料”是文言，“香头”是俗语。“头”是表达物体、物质、物状等的助词，烹饪用语，例如，“和头”是指“搅拌混合物”，“鲜头”是“美味”，“咸头”是指“咸味”。“香头”这一俗语在我国南北朝（1336~1392）末期的《太平记》中就已有使用，所以在中国应该在元代末期以前就已经使用了。到目前为止，我亲眼所见过的最早使用这种说法的是元末明初据说是韩奕撰写的烹饪书《易牙遗意》，在这本书中有散见的用例。可是后来我又觉得这个词是从宋代开始就存在了，可能是五山[①]僧侣等把中国的素餐传来时所使用的术语。这个姑且不论，且说《太平记》、室町时代的《撮壤集》的食物类中，都使用的是“鸭头”这一音译词，这应该还是僧侣的所为吧。“鸭头”并不是随便使用的音译字，而是把青柚子皮的颜色比作鸭头的绿色，稍作修饰的幽默。不仅仅是《太平记》的那首打油诗用了“柚子皮”的幽默，狂言《鲈庖丁》中也有[②]“鲈鱼是刚煎好的，配上柚子香头和贝壳勺子一起端上”，这也表达了青柚和香头的密切关系，可能是由于在古代青柚是香头的具有代表性的东西吧。夏日夜晚小酌，放一片青柚在杯中，清新的香气，是柚

① 译者注：中国的径山寺、广利寺、景德寺、灵隐寺、净慈寺。

② 译者注：原日文为“扠勝手よりも、いりもの（鱸の煎物）こそできたれとて、ゆのかうたふに貝杓子おつとり添へ、持つて出やう”。

柚子

子香头中的精品，称为“柚子酒”。李白咏赞美酒的《襄阳歌》中有“遥看汉水鸭头绿，恰似葡萄初酦醅”。这首诗在五山时流行的《古文真宝》中也有收录，也许是醉僧品味着柚子酒，由这首诗的“鸭头”联想到的幽默吧。

〔补遗〕了解古代使用柚子香头的使用方法，有一个有趣的例子，镰仓中期的《古今著闻集》（建长六年，1254年自序）的饮食第二十八中记载：藤井入道为宰相中将时，前往梶井宫，正值宴饮。宴会行将结束之时，宰相中将言曰：“把柚子即刻拿来。”旋即便让人送了上来。……那位行算左卫门和尚是孝行之弟，练有绝技，可将柚子均等地一分为三，颇为其兄增光。据说切柚子是在酒宴达到最高潮时进行的，得到柚子的人需要连饮三杯。其饮法是：观看切柚时一杯，柚子放入酒杯时一杯，食柚时再一杯。宰相中将按照其规尽饮三杯，极其精彩。

这里我顺便介绍一则关于醉僧的柚子酒的故事。话说那是江户时代的事情，有一年，萨摩的领主去江户拜谒的途中，一路走到了美浓路。时值盛夏，天气非常热，他们来到一门徒寺休息的同时，借一席之地设宴，让住持也举杯共饮。聊天中，住持说：“您突然到来，没有什么佳肴奉上，仅有一个……”说着跑进屋。过了一会儿，住持撩着袈裟，挽着袖子，跑到院子里，灵巧地爬上柚子树摘了几个青柚，装到干净的盆里，连同一把薄刃的刀，毕恭毕敬地端了过来。“还请享用这个，当您举起杯时，我就把下酒菜给您。”领主举起酒杯，住持退了有两根柱子间距的距离，从末席的位置，薄薄地削掉柚子皮，向领主的方向投去，柚子皮一下子就落入了领主的杯中，快速旋转着沉了下去。领主喝干杯中酒后，说再要一个，住持又投给他。领主非常开心，让家臣长老还有一起来的人都向住持要，大家就让住持给每个杯中都投入一片青柚喝干了。这是在木村时员的《三晓庵随笔》的中卷中记载的实事，那个领主被称作“太玄院大人”，不清楚是何许人。其实是谁都已经无关紧要了，令人称奇的是这位僧人的绝技。非常羡慕他可以有练习如此悠闲技能的人生。

另外关于“柚子”的名与义，又勾起了我的考证癖好。本来我国自古所称为“柚”的东西，事实上是中华的“橙”，中国的“柚”是另外的柑类。正如“柚子”的唐音讹音所暗示的名称那样，这种水果传入我国最初是由五山的僧侣们带来的，不知什么原因搞错了。我之所以发现这个错误，是以前读宋代林洪的《山家清供》时，从对“蟹酿橙”这一种类的做法抱有疑问开始的，其中记载着这样的内容：

> 橙用黄熟大者，截顶剜去瓤，留少液，以蟹膏肉实其内，仍以蒂枝顶覆之，入小甑，用酒醋水蒸熟，用醋盐佐食，香而鲜。使人有新酒菊花、香橙螃蟹之兴。

这就有如那种用塞入蟹黄和蟹肉取代柚子酱的料理，应该是连

橙

外面的“橙”皮一起享用的。而实际上“橙”[①]皮是苦的，不能吃，而且也没有什么香气，实在是没有被美誉为“香橙”的价值。而且，所谓的“橙”也不是能够勾起“菊花”“螃蟹”兴致的秋季食品。于是，我便漫无目的地思考，那么所谓的“橙”或许是“柚”类的东西吧。后来我在看料理书时，屡次碰到使用“橙”的食物的做法，其中可以找出若干用“橙”明显不合理的方法。例如，清代顾仲清的《养小录》中记载的“橙饼”的做法：“大橙子连皮切片，去核捣烂，绞汁，略加水和白面少许熬之，急朵熟加白糖，急朵入瓷盆，冷切片。”这和我国的“柚饼”有点相似。这里如果是用“橙”，那就得先要去皮把苦汁熬出来后再进行处理，这是常识。

还有关于植物方面的文献，《植物名实图考长编》第十七卷中引用的，宋代《嘉祐本草》中记载有：“橙子皮味苦，辛、温，作酱醋香美……其瓤味酸……其形圆，大于橘而香，皮厚而皱。八月熟。”

① 译者注：作者认为日语中的“橙”与汉语中的“橙”并不是同一物，汉语中的“橙”可能是日语中的“柚子”。

宋代罗愿的《尔雅翼》的第十卷有："橙之芳用在皮，柑之甘在瓤。其木似橘，其叶中细如蜂腰，其实稍早。橙之黄时，橘方尚绿。其形圆，大于橘而香，皮厚而皱，乃正黄色，不若柑橘之带赤也。"

将"柚子"和文章内容对照，倒是有很多符合的地方，而"橙"则是完全不同的。第一，"柚子"是秋天成熟的，"橙"是冬天成熟的。第二，"柚子"的颜色是黄色的，"橙"有点发红。第三，"柚子"皮是皱的，"橙"是光滑的。第四，"柚子"皮的香味浓，而"橙"皮没有什么香味。从上述这些方面来看，中国的"橙"并非是日本的"橙"，而像是我们说的"柚子"。另外，清代陈淏子的《秘传花镜》的第四卷中讲到了橙的种类：

> 橙，一名蜜橙，一名金毬。树似橘而有刺，叶长有两刻缺如两段者。实似橘微大，经霜早黄，皮皱厚而甜，香气馥郁。但瓤稍酸。人多以糖制或蜜浸，其用甚广，诚佳果也。
> 一种香橙，似蜜橙，小而皮薄，味酸，花皆类橘，叶亦有尖。
> 一种蟹橙即臭橙，比蜜橙皮松味辣，无所取用。

由此看来，我感觉我国的"柚子"可能是"蜜橙"或"香橙"的变种。我国的植物学者中有把"橙(だいだい)"对应为"臭橙"，把"くねんぼ"对应为"香橙"的倾向，但是不可信。"橙(だいだい)"也许是"橙"的一种，但是可以明确的是，在中国用在菜肴中的"橙"并非"橙(だいだい)"。只是我以前在游学中国时，没有品尝他们国家的"橙"的机会，因此无法做实证比较，感到遗憾而无奈。然而当我偶然读到《舜水朱氏谈绮》时，这个问题得到了确认。《舜水朱氏谈绮》这本书是朱舜水的门人安积澹泊记录下他所说的话的备忘录。朱舜水在明末流亡到我国，效力于水户光圀。其卷中的词语集中有“橙子，柚子。日本称柚，误也。唐山柚，上细而无肉，下肉径六七寸。云云”。朱舜水知道中日两国的实物，是相比较而言的，所以一定是可信的。看到这里，我很开心自己的推断没有错误，同时松了口气，总算放心了。在中国，“柚”的种类很多，朱舜水所列举的也只是其中的一种吧。众所周知的有“朱栾”、萨摩名产“文旦”等皆属于此。由于涉及枝节，故不做赘述了。

那么，再回到香头的问题，我国盛行使用香头似乎是室町时代（1336~1573）以后的事情。当时的《四条流庖丁书》中记载:“白鸟、菱喰、雁等带皮烹饪时，可放入薄片去皮生姜香头，皆美味。夏季有生腥味之物，可剥柚皮放入，此物可消除气味。当世称作‘吸口’，不论何物，均可放入香头，具体是何种做法，非吾辈等可以效法也。”由此可以看到当时的情况。而且从出现的“吸口”的名称推断可知，主要是由用于汤类食品发展而来的。这样一来，喜多村信节等把香头译成吸口也是有根据的，也可以说是恰当的翻译吧。总之，有关料理方法中使用香头的目的，正如上面的《四条流庖丁书》所说，其本义是为了消除食品难闻的味道的。除了这一消极的效用外，还有增加香气、促进食欲的积极功效。随着这一积极目的的使用，香头得到了进一步的发展。因此香头的发展代表了饮食生活的提高和烹饪方法的进步。如此，《四条流庖丁书》以其墨守成规的观点，讨厌当时香口的流行，但我们反而从中可以认为是那个时代饮食生活的提高，以及烹饪方法的进步。但是究竟那是一种什么种类的香头，我仍然是不得要领，感到非常遗憾。

古代的事情我们先放一放。镰仓时代(1185~1333)使用这种香头，可推断是五山的僧侣们和素食一起从中国带回来的。可能最初是模仿中国，使用了很多中国流行的品种，例如“花椒粉”之类的。后来不知从什么时候起，逐渐有了适应我国国情和国人嗜好的、我国特有的香头。“柚香头”就是显著的代表。如前所述，中国大陆也有由于喜爱“橙”的香味而广泛与饮食一起使用的。但那都是金黄色的成熟的秋橙，至今我也没有见过使用绿色的、没有成熟的橙作为香头的。因此喜欢用鸭头绿则完全是从我国人的兴趣嗜好而来的创造。还有花椒，在中国，“蜀椒”“秦椒”都是干燥后磨成粉末，然后作为香料使用。而在我国，到了春天首先是“花椒芽”，到了初夏爱用青色的“花椒籽”。不仅仅是香味，我们还喜爱那清爽的绿色。从夏天到秋天使用柚子的香头，到了冬天香头也枯萎了，就不得不用“老姜”或“花椒粉”。一年复始的春天里，比“花椒芽”还早的“蜂斗菜”先露出头，这也是我国发现而中华不曾使用的香头。“芥末”一年到头用它新鲜的辛香冲着我们的鼻子。它的汉字“山嵛菜”(也写作“山葵”，可能是日语的借用字)，在中国似乎也有使用，但是没有我们国家盛行。如此，我国的特色逐步发挥了出来，但是不管怎么说，中华传来的品种很多。

由于中华是香料的本家，所以比我们的品种多，使用方法也发达。在我国两种以上的香料是不混用的，在中华混用得多而复杂。仅看《齐民要术》中出现的就相当复杂，例如，其“羹臛法”篇的“鸭臛”(鸭汤)中使用了葱、橘皮、木兰、生姜;《蒸缶》篇的“胡炮肉”中使用了葱白、姜、椒、荜拨、胡椒。“木兰”的树皮与肉桂相似，味道辛香，可把树皮当作香料使用。“椒”是花椒，“胡椒”就是胡椒不是辣椒。“荜拨”属于胡椒类，其名称也与胡椒是同源的，它们都是西方原产的品种。编著《齐民要术》的北魏时代相当于我国履仲天皇到继体天皇之间的时期，在那么远古的时代就已经在使用这么复杂的香料，实在是让人惊讶！到了近代就越发复杂，创造出了事先调和好的香料，可以随时使用，这叫“料物”，多的有十几种，少的也有六七种香料调和在一起。例如，据推测是元代编著的《居家必用事类全集》的第十四卷所记载的“大厨大料物”，是由芜荑仁、良姜、荜拨、红豆、砂仁、川椒、干姜、炮官桂、莳萝、茴香、橘皮、杏仁十二种香料调配而成。清代的《养小录》中所记载的“荤大料”与这个也是大同小异。明代的《易牙遗意》所记载的“香头”是蒸点心专用的香料，是用葱白、大蒜、生姜、麝香与砂糖一起煎煮好的，这个比较罕见。

在我国混用香料的比较少，学习了中华的料物的似乎也就是“七味唐辛”，贫乏得不值得一提。我们的舌头和鼻子太敏感，难以接受中华的复杂而浓重的风味，嗜好极其简朴。这是我们的优点，也是我们的短处。对于我们，有了花椒就不需要胡椒，用了葱白再加上生姜的话，恐怕口鼻就难以适应，这就是我们的嗜好。我们使神经专注于一种香气、一种味道，集中感觉，一心欣赏其风味，忘记了把感觉投向两种、三种或是更多的香气和味道的调和。不，即使是没有忘记，由于感觉过于敏锐，面对复杂多样的刺激，我们无法承受这种负担。我们认为，一块生姜中、一粒花椒粒中，都已经具备其自然天成的香味，充分玩味这种自然天成的美，欣赏完一种再欣赏另外一种，感受着各自的特色，享受种种交错、即时的变化和对比，这才是我们国人对香头的审美意识。因而就有了虾汤中放入花椒叶芽，在鲷鱼的刺身上配上山辣米，在醋渍鲍鱼中加上生姜……这样的食谱。但是生姜和花椒无论其香味，还是其辛香，都各不相同，二者搭配使用后，使天然的配合更加复杂从而得到不一样的风味。通过钻研各种搭配方法，进一步地提升天然的搭配效果，享受这种人工的和谐美，这就是华人对香头的审美意识。这就是为什么早在北魏时代就已经钻研出羊肉香肠的香头，不仅并用了姜和花椒，还加了葱白，另外还加了荜拨和胡椒等同类辛香料。虽然这是由于国情不同、嗜好的差异引起的，但是以香头使用的技巧来讲，哪种更加先进却是不言而喻的了。

我过世的父亲曾兼修中、西医术，以前每年年底都会调制屠苏酒分给至交。到了元旦，他会一边品尝一边斟酌酒制作的成果，什么放多了、什么不够，在下一次的制作中下功夫。喝着父亲自制的屠苏酒长大的我，对于那种由屠苏合成的芳香，深感其中的慈悲，对其有着特殊的爱恋。从屠苏的芳香类推中国古代的“料物”，想象着是由什么样的香气合成的。可惜进入文化衰老期的当今中华，香头的使用方法也变得单纯了，至今已不曾听说料物类的制作了，中华的香料最吸引我的是花椒和茴香的调和。这二者的合成实在是太好了，一种叫作“五香羊肉”的凉拌菜就是以这二者的香气为基调的。在北京东单牌楼附近的某个店非常有名，有一种妙不可言的香气扑鼻。然而上海版的《食谱大全》的炒五香肉一条中，所谓五香是指黄酒、酱油、甜面酱、茴香、花椒，把甜面酱和酱油也算在五香之内让人觉得难以信服。北京可不是这样的，一定还追加了各种各样的香头，即便不算甜面酱和酱油，仅是五香，就已经合成了那样的芳香。如果是十几种香头调和的“大料物”，将会有怎样复杂的浓香啊。仅是想象，就足以让我的鼻子蠕动不已了。

〔补遗〕《食谱大全》第七编中的“煮冻蹄”中使用了“茴香、川椒、山芳、丁香、料皮”这五种香料。北京的柯政和氏所著的《中国人的生活风景》(1944年刊)的料理法的项目中记载，现今制作糟卤鸡时放入了“大茴香、料皮、丁香、花椒、蔽谷、茴香”等。

但是，我是日本人，我不会忘记日本人喜爱淡味幽香的日本精神。有效地发挥材料本身的原味，是日本料理方法的第一要诀，这是我国的好风气，我也充分理解。从这个意义上说，使用香头的积极目的，即助长风味这一点需要非常慎重，因为使用不当往往会破坏食材的原味。只要材料有一点点的芳香时，还是应该尽量避免香头的使用方为上策。这也是我国料理中使用香头少，因而阻止了其发展的原因，而绝不是我国料理方法的幼稚导致的。在中华过去就曾有雅士提醒要注意香料的滥用。例如，宋代从福建给官厅进贡的团茶的精品中，大都放了龙脑。当时蔡襄的《茶录》中就指出了其缺点：

> 茶有真香，而入贡者微以龙脑和膏(团茶的材料)，欲助其香。建安(茶的产地)民间试茶皆不入香，恐夺其真。若烹点之际，又杂珍果香草，其夺益甚，正当不用。

从我们日本人的常识来看这是理所当然的，并没有需要特别提醒世人注意的必要。而在中国却是不得不在茶书中大书特书的问题，现在那里仍然在使用“香片”即花茶。从这一原则出发，“柚子酒”即酒里放入柚子的香头也是应该禁止的。如果在芳醇的上等清酒中加入一片柚子，遮盖了酒香，比在团茶中放入一点点龙脑的效果更甚之吧。然而宽政年间(1789~1800)，津村正恭的《谭海》第十三卷中有“以兰引取香薰七种，梅花、蔷薇花、惠兰花、菊花、金银花、石菖蒲、柚子花，此七种油放入一箱中，有芝太好庵百匹之价值。于酒窗时，将此花油滴一滴于杯中，酒悉成其香也”。

之前，安永五年(1776)去世的谷川士清的《锯屑谭》中也已经提到过此“花露”。并且清人的著作《养小录》的“诸花露”条中记录了“花露”的制作方法。我国的花露是从此类清国的书中吸取的方法，还是学习了荷兰的方法不详，但是在一段时间里花露曾经流行过。可见，香料的制作在我国早就有了尝试，这是一件耐人寻味的事情。一定还有过比遮盖酒香的柚子更甚的东西吧，所以此类香头的使用都是一时兴起，不应该是常用的东西。

我家院子中的柑子今夏已经结出了碧玉般成串的果实。我摘来取代柚子，放在盂兰盆节定量供应的酒中，品尝其清香。不久后，妻子因事回山口县宇部的娘家，带来了几个家里的青柚子，因她母亲说“带几个香头去吧”，所以就摘了几个带回来了。正巧寒舍的厨房里藏有一瓶别人送来的酒，我就放进些真正的香头，独自小酌，心中无限快乐，遂草就了此篇文章。

（1947年9月稿，1948年10月刊于《东光》）

附录一：香橙

宋代苏东坡的诗句中有“西风初作十分凉，喜见新橙透甲香”，描写的是在秋风乍起、天气明显凉快的一天，应朋友之邀赴宴，在酒宴之上，手剥新橙，以作酒肴，只闻得橙香扑鼻而来，令人心旷神怡。这个东西不是吃果实的，而是把成熟了的黄色的果皮用在菜肴中，品尝其风味的。这在唐宋以来的文献中有不少记载。试举几个例子的话，首先是《太平广记》中引用的唐代的《大业拾遗》中，记录了吃松江的名产鲈鱼的生鱼丝时，把“金橙”切成细末，拌在一起非常好吃。还有南宋初期的天子高宗亲临功臣张俊的府邸时，张府准备的御膳名目繁多，其详细目录在南宋末的《武林旧事》中有记载。其中可以看到“虾橙脍”“螃蟹酿橙”等菜名。“虾橙脍”正如其名称所示，是把切成丝的虾肉和橙子皮拌在一起的，和上述鲈鱼的生鱼丝相比仅仅是材料不同吧。“螃蟹酿橙”是“蟹肉塞橙”的意思，其做法在南宋人的《山家清供》一书中有记载。据称是把橙蒂的部分切掉，掏出里面的橙肉，把蟹黄和蟹肉塞进去，然后用蒸笼蒸，用醋和盐调味。还有把螃蟹整个煮好，把橙子捣碎后和醋拌在一起，然后把螃蟹蘸着吃的方法。总体上说秋天是雌蟹有蟹黄且最美味的季节，而且这个时候北方开始出新酒了。因此世间有了“香橙螃蟹月，新酒菊花天”的诗句。

到了这里，读者们应该注意到，在中国所说的“橙”不是日本所说的“橙(だいだい)”。“だいだい”成熟是在冬天，颜色赤黄，与“金橙”之美称不符。其皮苦不能食，味道也不好，不可能被称作“香橙”。然而，因为说“橙”是秋天成熟，果皮味香且可以食用，因此可以推断是柚子。的确如此，是柚子。

按：平安朝的《和名类聚抄》中“橙”的日本名是“アヘタチバナ”。狩谷望之的注解说是不详。就我个人的见解而言，我认为可以做如下解释：“アヘ”是“和（拌）”的意思，如上所述“虾橙鲙”中，把“タチバナ”皮捣碎后用来拌东西，所以称作“アヘタチバナ”。果然后来证明这个译名是正确的，相当于我们后来所说的柚子。可是不知从何时起，这个“アヘタチバナ”被称为“柚”或“柚子”，“橙”的日本名被叫成了“ダイダイ”。这一转变时期似乎是镰仓时代。其证明之一是镰仓时代中期的《古今著闻集》的饮食部中记载有在酒宴的最后，作为下酒菜，切“柚”供上的礼节。室町时代的“狂言”中可以看到把称为“柚香头”作为料理香料使用。至此，“橙”就被误当作了“柚”。日语读音“yuzi”是“柚子”的唐音，可能是镰仓时代在中国留学的僧人传入的，这个错误可能也是他们的责任吧。

〔补遗〕北宋沈括的《梦溪笔谈》第二十六卷中记载有“《本草》注‘橘皮味苦，柚皮味甘’，此误也。柚皮极苦，不可向口。皮甘者乃橙也”。由此可见，把柚子和橙子搞错的问题是从中国北宋末期（相当于平安朝末期）就已经有的，所以误传也未必是我们留学僧的责任。

然而，记录了效力于水户藩的明朝遗民朱舜水言论的《舜水朱氏谈绮》中有如下记载：“橙子，柚子。日本称柚，误也。唐山柚，上细而无肉。下肉径六七寸，云云。”也就是说，在中华的“橙”就是我国的柚子，而他们的“柚”是另外一种水果。虽然中华果树研究的权威菊池秋雄近年经过实地调查，已经确认了中国的“橙”是我国的柚子，而朱舜水应该是最初持此说之人。

那么如果橙不是“ダイダイ”的话，那么“ダイダイ”的汉语名又是什么呢？狩谷望之认为是“臭橙”，我觉得不可信。最近在中国称为“代代”，可能是日语名的音译，好像名字和品种都是从我国传入中国的，据说在他们那里主要是用其花作为香料的。“代代”的皮虽然不能吃，但是酸味比柚子强，在西日本地区是冬季膳食中的重要材料。在中国，螃蟹和橙子是秋天的味觉之王，而在西日本地区，河豚和“代代”是冬季的味觉之王。

（1951 年 10 月 7 日《朝日新闻》西部版）

附录二：驳田中博士的橙子之说

由于我上面的小稿登载在西部《朝日新闻》的文艺版上，山口大学农学部教授日野严博士给我看了两篇他的朋友田中长三郎博士写的关于橘柚柑橙的论文。分别是《从植物学角度对本草学中的橘柚的批判》（1933 年 2 月《本草》第 7 号）、《论本草学上的柑橙》（1934 年《本草》第 22 号）。他关于“橙”的论点与我的观点相反，所以觉得有必要在这里说明一下。田中氏与日野氏是东大农学部的同窗，是受过本草学泰斗白井光太郎先生的熏陶的，当然他的橙柚学说继承了白井博士的系统，传承了师说。我还没有直接读过白井博士的论文，其关于柚的观点的结论在田中氏的论文中有引用。即，“在此实证了白井博士的观点。已故白井博士在1925年于《植物妖异考》中发表的有名的学说，即关于柚‘在中国本土柚的古名早已消亡’‘日本因其地处偏远的海岛，中国古代的物名依然流传着’，而且‘如今在中国把朱栾称作柚虽不能说是完全谬论，但至少可以认为，随着历史的变迁终于成了名实不符”的观点有了实证。

也就是说“柚”本来是日本名为“yuzu”的水果，近代中国把“朱栾”称作柚，实际上是名义转化的结果。按照这种论点，那么“橙”就不是日本的柚子，而相当于“ダイダイ”的论点的存在就是必然的了。果然田中氏继承了这一学说。其前篇中有：“《群芳谱》的香橙在日本进一步被误解为香橘，使用‘九年母’的借用字。熟读其记述终于明白那其实是‘代代’。”并且，其后一篇论文中还有：“据本作者的调查，代代产于中国的福建省漳州、浙江省温州、黄岩等地。还有最近发现江西省南昌附近也有产出……因此代代是分布范围相当广的植物，所以汉代的橙就是代代。小红橙、臭红橙等名称流传至今。但是橙的名字逐渐被柚子侵蚀，现在在浙江省塘栖把柚仍称为香橙、罗汉橙。”这里提到的由于现今“代代”分布广泛，因而推定汉代的橙即为代代，这显然是讲不通的。但是其中有些地方把“代代”称为“小红橙”和“臭红橙”却值得注意。当然，田中氏认为它们都是汉代的橙子的后裔的推断有些过于武断，但是中国人认为“代代”是橙的一种，从其命名中即可窥见一斑。现在抛弃橙是“代代”的先入为主的观点，以橙是“柚子”的角度来考虑的话，将其称为“红橙”是相对于柚子的黄色而言的，代代是红色的；将其称为“臭橙”是由于代代的皮不如柚子的皮香。这就可以理解为什么柚子会对应地被称为“香橙”了吧。

田中氏的后一篇论文中还有这样的观点：“《本草和名》中，汉代（汉土）已经遗失的七卷《食经》中有关于橙的描述，即‘橙似柚而小者也’。《本草和名》中称之为‘阿倍太知波奈’，即代代。本邦将橙正解为代代，这与柚在本邦正解为柚子是完全相同的。”

我手头没有《本草和名》，无暇查验。此条与《和名抄》同文。“橙”的日本名为“阿倍太知波奈”，我在前文中已经引用《和名抄》进行了论证。这里强调一句的“ABE”没有读作浊音，而是读成清音的“AHE”，因此是柚子。这是我们正确理解平安朝之前“橙”正解为柚子的重要证据。田中氏以什么为依据断定“阿倍太知波奈即代代”的我不得而知，但想来应是相信了师说的盲从吧。《万叶集》卷十一的诗歌中有“阿倍橘”的词语，鹿持氏的《古义》中读为浊音的“アベダチバナ”，其《品物解》中列举了诸家的学说，但是都拘泥于浊音，没有得到正解。我自己还找到一些在《万叶集》中把“倍”读作清音的例子，但丢失了，现在无暇寻找。这些都不去管它了。我在《和名抄》中获得了确凿的证据，即这本书中引用的《四声字苑》的“齑，训安布。一云阿倍毛乃”。“齑”用作动词是“アフ”，用作名词是“アヘモノ（腌制的东西）”，这是非常明了的。因此“橙”的日本名“阿倍太知波奈”应该读为“アヘタチバナ”，“阿倍”是“阿倍毛乃”的“アヘ”，“橙”是柑橘类，由于其皮可用于拌菜（日文名称为“和物”），因此其日本名为“アヘタチバナ（和橘）”，这个名字非常恰当。这就是后来所说的柚子（ユス”），而不是代代（ダイダイ）。

在中华有使用橙作齑的习俗，这一点我在前文中列举了唐代的

“鲈鱼鲙”、南宋时代的“虾橙鲙”，再向前可以追溯至六朝年间的诗文且随处可见。并且追溯的极限，以我的一孔之见，可以一直到东汉末期的文献。即应劭的《风俗通》中说的“橙皮可为酱齑”。这是《太平御览》第九百七十一卷中引用的，当今版本的《风俗通》里没有。还有桓麟的《七说》的韵文中有“调脡和粉，粿以橙蒟”（引用《北堂书钞》第一四五卷）。此文仅残留了一部分，但是叙述了各种美味佳肴。“脡”据说是生肉酱，似乎是把生肉脍和切成细丝的东西拌在一起，类似盐腌肉的食物。“蒟”实际上是蒟酱，是有刺激性的调料。这两句的意思是制作类似腌肉那样的食物时，把这二者作为调味料混合在一起。从这两个文献应知“橙”的皮在汉代就已经用于拌菜了。因而可以证明在古代，橙就是日本名为柚子的食物。可是古代的“柚”究竟为何物，我的研究依然是云山雾罩，不得要领。

还有，前文所提到的菊池博士的报告是《农业及园艺》的第十六卷第八号所载的《中国的果树概观》。

（1958年9月稿）

芍药之和

西汉司马相如的《子虚赋》中有“芍药之和，具而后御之”的诗句。据载有此赋的《汉书·司马相如传》以及《文选》的注解，关于此“芍药”的解释，东汉时代的注释家之间有三种不同的说法，其一，服虔的主张，认为是以芍药给食物调味；其二，伏俨的主张，认为是用木兰和桂皮调味；其三，文颖的主张，是用“五味之和”即各种各样的味道调味。后来三国时代吴国的韦昭继承了文颖的论点，认为芍药是“和齐”即调料的配剂，是盐腌、酸腌等美味[①]。晋朝的晋灼以东汉张衡的《南都赋》为例，赞同文颖的论点。然而到了唐代的颜师古则支持服虔的主张，认为“芍药”是药草的名字，其根有和五脏避毒气的功效，把它和木兰、桂皮等五味混合起来可以增时食米，称为“五味之和”，后称为“芍药”。现今吃马的肝脏时，仍然是和芍药一起煮，这难道不是古代遗留下来的方法嘛。可是《文选》的注释家李善

① 引用《文选》枚乘《七发》的李善注。

反对此论点，断定晋灼所主张的是稳妥的。后来清代王引之从语言学的角度提出新的学说，压倒颜师古的论点，支持文颖、晋灼的说法[1]，其根据是《子虚赋》李善注所引韦昭的主张，即认为“勺”的音是“丁削的反切”，“药”的音是“旅酌的反切”，据此，“芍药”可以看作是“适历”的发音变化而来的（我国发音中如果用吴音“适历”的发音就是“チャクリャク”，与“芍药”的发音相近），并且，“适历”是“均调”的意思。王氏根据《说文》及《周礼》的注疏加以考证，得出的结论是“芍药”不是植物的名字，是虚字，即五味均调的意思。

王引之的论点从语言学来看是合理的，听起来也非常有道理。可是我认为这个词与植物的芍药不可能没有丝毫的关系。查看比司马相如的《子虚赋》稍微早一点的枚乘的《七发》[2]中有“熊蹯之臑，芍药之酱”的对句。这一段是由对句组成的，词语也基本是成对的，这两句的词也分别有对应的东西。如果这样，“熊蹯”（熊掌）对应的“芍药”当然应该是物品的名称。如果如王引之所说把它当作虚字的话，那么修辞上就成了不工整的文章了。我认为这里还是应该看作是植物的芍药，大概就是煮熟的熊掌，蘸着拌有芍药根的酱，吃起来非常好吃的意思吧。根据《本草纲目》中引用的诸家观点，有说芍药是苦的，有说是甜的，也有说是又酸又苦的，似乎品种不同色味均不同，但一定不是什么太美味的东西，所以也许如颜师古所说是作为整肠消毒剂来使用的。但是以主药名来称之为“芍药之酱”当然也是

---

① 引用《汉书补注》。

② 《文选》。

有可能的。即使用于其他的菜肴也应该是一样的，但是可以推测芍药以外加入的东西主要不是香料。之所以这样认为是因为西汉末期扬雄的《蜀都赋》[1]把它当作羹使用时，"甘甜之和"即是与调味料区分来使用的。还有东汉末期刘梁的《七举》中有"芍药之调，煎炙蒸臑，酟以醯醢，和以蜜饴"[2]，从这里可以非常明白制作的方法。即首先在食品中加入芍药的调和剂，煎炙后用醋、肉制的酱、蜜、糖调味，把普通的调味料和芍药明显地区别开来。从这些用例，再结合伏俨的芍药是用木兰和桂皮调味的观点，可以理解所谓"芍药"，是芍药以外主要添加了以香料为主的东西增加风味的意思。

但是，广义的芍药，却不仅仅是香料，也用作表达添加咸、酸、甜的调料调味的意思。例如，东汉中期张衡的《南都赋》[3]中有"归雁明鹑、黄稻鱻鱼，以为芍药，酸甜滋味，百种千名"之句，描述的是用鸟鱼的肉做成各种酸甜滋味的美味佳肴，此处的芍药就是广义的调味之意，所以晋灼引用此赋赞成文颖的"五味之和"的主张也就可以理解了。还有和张衡几乎是同时代的王充的《论衡·谴告》篇中，论述有时候酿酒、煮肉做不好的原因，是因为"犹入芍药，其和失也"，很明显此处的芍药仅仅是调味的意思。如此一来，芍药词义的不同是由于伴随着事物的发展，其词义也有所变化，这一点儿也不足为怪。文颖把"芍药"解释为"五味之和"，王引之解释为"均调"，总归都是适合于这种发展的最后阶段的解释。因此考虑名义的变迁

① 《古文苑》中有"甘甜之和，勺药之羹"。
② 《北堂书钞》第一百四十二卷。
③ 《文选》。

时，如王引之的主张，把它看成是与植物的芍药完全没关系，这未免有些过于玩弄语言学上的假借学说了。我还是认为颜师古的观点更接近事实，并且“芍药”在汉代的饮食生活史上所具有的意义就是表现了香料的发展。下面概述一下古代膳食的香料。

说到古代膳食的香料，首先便会想起《论语·乡党》篇中记录孔子日常生活“不撤姜食，不多食”中的“姜”。孔子都吃的，这一定是最普通的香料吧。更早的还有“椒”，即花椒在《诗经》中可以看到三处，《唐风·椒聊》中有“椒聊之实，蕃衍盈升”一句，“聊”是助词，没有意思。还有《陈风·东门之枌》诗中有“贻我握椒”一句，说的是女子把一把花椒送给自己心仪的男子以表达爱情。一把就可以表达爱意，采到一升就是“蕃衍”的好收成，由此可见椒是非常珍贵的东西了。并且，《周颂·载芟》中有“有椒其馨，胡考之宁”的诗句，是说用花椒做香料的菜肴或酒款待，老人非常满足。从这里也可以明显地看出花椒作为香料受到推崇。然而，花椒和姜都是辛辣味的，其他的香料大致也是如此。因此对应古代将味道分为“咸、苦、酸、辛、甘”来看，它们都应属于五味中的“辛”类。《楚辞·招魂》篇中有“大苦咸酸，辛甘行些”。东汉的王逸注解为“辛，谓椒姜也”。即花椒和姜在古代是作为辛味的代表的，后来应该是被当作膳食香料的代表。

其他还出现了南方的特产“桂”，即肉桂。《楚辞·九歌·东皇太一》篇中有“奠桂酒兮椒浆”之句，在南方，用浸有桂皮的饮料供奉神明，当然人们也会饮用。这种桂的用法不知什么时候扩大开来，北方系统的文献《礼记·内则》篇中记录有制作一种叫作“熬”的干肉时撒上“桂”和“姜”的粉末，然后晒干。另外，还列举了“牛脩”等三十一种常用食品的目录，而最后两种就是“姜”“桂”，就如同姜和桂是香辛料的代表一般。《礼记·檀弓》篇中，列举了曾子之言道：服丧之人因病为了摄取营养，吃肉喝酒时，一定要用“草木之滋”（滋味）。并指明这个“草木之滋”指的就是姜和桂。也就是代表“草”的香料是“姜”，代表“木”的是“桂”。足见这二者是多么受到重视。

那么与姜相似的还有“蘘荷”。《楚辞·大招》篇中有“醢豚苦狗，脍苴蓴（只）”之说。按照王逸的解释，“苴蓴”就是“蘘荷”。这两句的意思是，蒸好的猪肉配肉酱，狗肉配上放有苦胆的苦酱食用，脍配以切碎的蘘荷吃。刚好与我们现在吃生鱼片和醋腌小菜时配着切碎的蘘荷芽是相同的。关于其他各种肉食的配料在《礼记·内则》篇中有：“脍，春用葱，秋用芥。豚，春用韭，秋用蓼。脂用葱，膏用薤，三牲用藙。”这里的葱、芥、韭、蓼、薤、藙等都是调味用的香辛料。“薤”是“鸽头”，“藙”在郑玄的注解里指的是煎过的“茱萸”。即“食茱萸”，日本名为“乌山椒”。《礼记·内则》篇的著作年代不详，可能是战国到汉初之间著写的，可见当时的香辛料已经很发达了。上述脍配“芥”，郑玄的注解为“芥酱”。原文的其他地方也有“芥酱、鱼脍”，鱼的生鱼片配芥子酱，正好与我们当今吃鲤鱼的生鱼片时配芥子醋酱差不多。

与桂同类的香辛料还有“木兰”。《楚辞》当中多次出现“木兰”这个名字，多数见于建筑、器物的材料，作为食品使用的仅有《惜诵》篇中的“梼木兰以矫蕙兮”一例。但是汉代以后的文献中则比比皆是。首先，西汉的《史记·滑稽列传》“优孟”条中有“赍以姜枣，荐以木兰”，意思是说烹饪兽类的肉时，需加这些调料。司马相如的《子虚赋》中提到“桂椒木兰”，也还是因为它们都是香料才分类并称的吧。东汉桓麟的《七说》中也有“河鼋之羹，齐以兰梅”[①]，讲述其用于调料的事情。关于木兰树的形状，晋朝左思的《蜀都赋》中的“其树则有木兰，梫桂”一句，同为晋朝人的刘逵对此句的注解为：“木兰，大树也，叶似长生，冬夏荣，常以冬华。其实如小柿甘美，南人以为梅。其皮可食。”宋代吴仁杰的《离骚草木疏》中记载，木兰一名林兰，一名杜兰，皮似桂有香味，生长在零陵(今湖南省零陵县)的山谷中。而《嘉祐图经》一书中说，生长在韶州(今广东省曲江县)的是与桂同一种类的，取外皮为木兰，中肉(真皮)为桂心，与桂非常地相似。《广雅·释木》篇中有“木栏桂栏也”(栏与兰相同)，甚至冠以桂字称呼。近代有把称作木莲的树当作木兰的，两者完全是不同的树种。

汉武帝时，张骞作为使节去西域后，把那里的香料引进中国。最有名的是“大蒜”和“胡荽”[②]。蒜有大蒜和小蒜，小蒜是中国固有的品种，大蒜是从西域进口的品种，称为“葫”或“胡蒜”，小蒜称为“蒜”以区分二者。“胡荽”又称为“胡菜”和“芫荽”，叶子可做成腌菜，非常香美，子和大麻子相仿，味辛香[③]。我国以荷兰音读作“コエンドロ”。后藤先生的《红毛谈》中有“こえんどろ，汉名胡荽，日语名こにし，甚恶臭。蕃人常作食料。鱼兽之臭，以此消之”的记述。由此看来，它不仅没有香味，且被当作是恶臭之物而遭人讨厌。不论是胡荽，还是大蒜，起源于西域的香料似乎都很臭，不符合我们国人的嗜

① 《北堂书钞》第一四四卷。

② 《齐民要术》第三卷注引《博物志》。

③ 《本草纲目》第二十六卷。

好。不仅如此，古代在我国似乎总体都不喜欢香料，《三国志·魏志·倭人传》中记载“有姜、橘、椒、蘘荷，不知以为滋味”。如此说来《古事记》中记载的神武天皇攻打登美昆古时的诗①：“墙脚种植的花椒，令人口麻难忍，记忆深刻”。诗中抱怨的“はじかみ”指的是花椒，“不知以为滋味”，反而是感到“嘴麻”令人不快，这也是我国香料不太发达的原因吧。整体上有关香料的效用，张衡的《南都赋》中有“苏蔱、紫姜，拂彻膻腥”，另外如《七辨》所说的“芳以姜椒，拂以木兰”②，可以去除食肉的臭气，增加香气。蒜和胡荽的味道恶臭，主要目的是去除食肉的臭味。前面提到的“蔱”又称为藙，即像食茱萸一样味苦而辣，据说有去除食肉的臭味的功效。顺便说一下，前面提到的“苏”指的是紫苏，本来就是芳香的佳品。以上是从周代到汉代的概况。

到了六朝时代，北魏人编写的《齐民要术》中记载了各种食物的做法，还详细记录了其中使用的香料。使用香料最多的还是食肉，蔬菜的腌制品中也用了很多，酒的酿造和素食中也有使用。下面挑几个例子介绍一下。首先，“羹臛”即汤羹，做“鸭臛”（鸭肉汤）时，需要用到的食材有小鸭六只，大鸭五只，羊肉二斤；“葱三升……橘皮三叶，木兰五寸，生姜十两”，其他还有作为调料的芋二十株，豉汁五合，米一升，酒八升；“葱”只使用“葱白”，“橘皮”是晒干了的橘子皮。其次，是“蒸缶”，即蒸肉和蒸烤的肉类，其中“胡炮肉”（羊肉香肠）中使用了“葱白、姜、椒、荜拨、胡椒”，用豆豉和盐调味；

① 译者注：原文为：“垣本に、植えしかじかみ、口ひびく、われはわすれじ”。

② 《文选》七启的注解中引用。

胡椒不是番椒，如“胡”字所示，它是舶来品，据唐代的《酉阳杂俎》第十八卷记载是摩伽陁国的曼生植物的籽实，形状与中国的花椒相似，味辛辣，据说在他们国家称为“味履支”，是从印度方面进口到中国的。“荜拨”也是摩伽陁国的产物，在他们国家称为“荜拨梨”，其果实类似桑葚。“蒟酱”与蕃国生长的荜拨同种，但其果实更小的香料，生长在番禺(广东)，据说交趾、九真(法领印度支那)也种植了很多。进一步追溯的话，“蒟酱”本来是蜀(四川)的特产，据《史记·西南夷列传》记载，蜀地的商人把蒟酱卖到西南夷的夜郎国(贵州境西)，夜郎的人又沿着北盘江卖到了番禺。另据《西南夷列传》记载，汉武帝时，蜀与身毒国(印度)的贸易比较频繁，因此蜀的蒟酱也许也是从印度传来的。蒟酱也属于胡椒类，它的蕃名荜拨与胡椒是同源的词。当今的植物学也把这两者视为同类，胡椒的学名是 Pipernigrum，L.，荜拨的学名是 Piper longum，L.。《齐民要术》的烹饪法中使用这些香料的非常少，似乎在当时还没有普及。而弥足珍贵的是有关“胡椒酒”做法的记载。那是从晋朝张华的《博物志》中转载的，酒五升、干姜一两、七十粒胡椒的粉末、五个安石榴的汁所做的“此胡人所谓荜拨酒也”，想想都觉得应该很辣吧。还有“和酒”的做法也有记述：酒一斗中，加入胡椒六十粒，干姜一份，鸡舌香一份，荜拨磨成细末放进去后，加一升蜜。

其他的还有“炙”，即烤肉烤鱼的腌汁中都拌有香料。例如，“范炙”是在鹅肉或鸭肉上，涂上拌好的姜、椒、橘皮、葱、胡芹、盐、豆豉后烧烤。“炙鱼”是把姜、橘、椒、葱、胡芹、小蒜、苏、欓切碎，用豆豉和醋调味拌汁，把鱼放进去腌好后烧烤。上述的“胡芹”是本草书中的“马蕲”，《齐民要术》中记载为“马芹”，是芹菜的一种，个头大。因为当时对于个头大的东西都加上“马”字来称呼，所以就叫作“马芹”。马芹嫩时可以作为蔬菜食用，种子可作为香料使用，后世也经常使用。“苏”是紫苏。“櫄”是“食茱萸”，即前述《礼记・内则》中所说的“藙”，其种子似花椒辛辣，也称为“越椒”“辣子”，日本名为“乌山椒”。然后是“脯腊”，即晒干的肉干或鱼干，大抵都是在用椒、姜、橘皮等香料和调料做的佐料汁中浸泡后再行干燥。“鱼鲊”就是米饭与腌成酸味的鱼放在一起，再加上茱萸、橘皮。我国近江的名产鲫鱼饭就是沿袭此古法流传至今的珍品，我觉得那里面也可以放点香料的。其他还有“瓜芥菹”，即芥子腌的瓜里面放有芥子和胡芹子。上述几乎使用了《齐民要术》中提到过的所有香料。集合其品目共有十三种：姜、葱、苏(使用根或叶子的)，芥、茱萸、椒、胡椒、荜拨、胡荽、胡芹(使用种子的)，橘皮、木兰(使用皮的)。这样可以发现“桂”完全没有被使用。木兰在前面引用的《史记・滑稽列传》、桓麟的《七说》中都提到过，其他的如魏朝曹植的《七启》中也提到“紫兰丹椒，和施必节”，李善的注解中引用的东汉的《七辨》中也可看到“芳以姜椒，拂以木兰”的句子。还有晋朝傅玄的《七谟》中也有“轻椒丹橘，素姜紫兰”①。这些著作中都提到了木兰，却对桂只字未提。只有晋朝束皙的《饼赋》②中，制作一种称作牢丸的肉馅饼时，作为馅儿的香料，放有姜、葱、椒还有桂和木兰。似乎从汉代到南北朝，比起桂，人们更喜欢木兰。然

---

① 《北堂书钞》第一百四十二卷。

② 《唐类函》第一百七十七卷。

而到了近代，跟古代恰好相反，桂的使用更多了，木兰反而不用了。

唐代的情况还没有调查，宋代以后到近代，香料又有了进步。其具代表性的有所谓的“料物”，是把菜肴中使用的香料先调好，需要时可以随时使用，也就是我国的七味唐辛类的东西。我所能查到的料物的配方是从宋代开始的，即宋代陈元靓编写的《事林广记》一书中“食馔类”中记载的“细料物”的配方。但是这个配方在我国翻刻的通行本中没有出现，明代朝鲜人编著的《朴通事谚解》中有引用，我在此引用：

官桂、良姜、荜拨、草豆、陈皮、砂仁、八角茴香（各一两），川椒（二两），杏仁（五两），甘草（一两半），白檀末（半两），上述都磨成粉使用。如果出行需要永久保存，把蒸饼浸水后，制成弹弓的药丸一般，用时可用热水化开。

下面是据推测为元代编著、编者不详的《居家必用事类全集》的第十四卷中出现的两种：

（大厨大料物）芜荑仁、良姜、荜拨、红豆、砂仁、川椒、干姜、炮官桂、莳萝、茴香、橘皮、杏仁，各种同量制成粉末，用浸过水的蒸饼做成弹丸大小。

（调和省力物料）马芹、胡椒、茴香、干姜、官桂、花椒，各种同量制成粉末，加水后制成药丸，调味使用时，碾碎后放入锅内，旅行等外出时非常方便。

最后，清代顾仲清的《养小录》中记载有“荤大料”（荤菜菜肴的佐料）、“减用大料”以及“素料”（素食的佐料）三种。原作中为了便于记忆，把配方做成诗歌了，在此仅抽选其配方：

（荤大料）官桂、良姜、荜拨、陈皮、草蔻、砂仁、茴香（各一两），川椒（二两），甘草（一两半），杏仁（五两），白檀（半两），用蒸饼做成弹丸大小。

（减用大料）马芹、荜拨、小茴香、干姜、官桂、莳萝、八角茴香、芹菜、杏仁，以上同量。再加上一倍量的榧果更好。

上面“减用大料”的“马芹”的原注写的是“即芫荽”，可是芫荽是胡荽的俗称，马芹如上所述是胡芹的别名，所以原注是错的。并且材料中的“芹菜”原注中也写的是“即芫荽”，依照前面的注解应该也是“马芹”吧。

<table>
<tr><td>《齐民要术》</td><td></td><td>姜、葱、蒜、苏、芥、茱萸、椒、胡椒、荜拨、胡荽、胡芹、橘皮、木兰</td><td>十三种</td></tr>
<tr><td>《事林广记》</td><td>细料物</td><td>川椒、荜拨、陈皮、官桂、良姜、草豆、砂仁、杏仁、白檀、八角茴香</td><td>十种</td></tr>
<tr><td rowspan="2">《事类全集》</td><td>大料物</td><td>干姜、川椒、荜拨、橘皮、官桂、良姜、红豆、砂仁、杏仁、茴香、莳萝、芜荑仁</td><td rowspan="2">十四种</td></tr>
<tr><td>省力料物</td><td>干姜、花椒、胡椒、马芹、官桂、茴香</td></tr>
<tr><td rowspan="3">《养小录》</td><td>荤大料</td><td>川椒、荜拨、陈皮、官桂、良姜、草蔻、砂仁、杏仁、白檀、茴香</td><td rowspan="3">十五种</td></tr>
<tr><td>减用大料</td><td>干姜、花椒、胡椒、荜拨、马芹、官桂、小茴香、莳萝</td></tr>
<tr><td>素料</td><td>干姜、花椒、胡椒、芹菜、杏仁、莳萝、八角茴香</td></tr>
</table>

上表中把《事林广记》等记载的五种料物与《齐民要术》做了比较（省略了甘草），这里我要对这些品目稍加说明。“川椒”是四川产的椒，也称为“蜀椒”。相对应的陕西产的称为“秦椒”，俗称“花椒”。两者都是山椒（花椒）。“陈皮”即橘皮，以旧为贵故称为陈皮。“官桂”是削掉桂的表皮采到的真皮，称为“桂心”。给官僚进贡的上等的桂称为官桂。“良姜”是“高良姜”的略称，一种似蘘荷的草，其根可用药，其果实称为“红豆蔻”。《事类全集》的大料物中的“红豆”可能就是这个吧。“草豆”和“草蔻”是指“草豆蔻”，是广东产的草本植物，它的果实的核可以做香料。“砂仁”是“缩砂蔤”的仁儿，本来是从波斯一带传来的，广东也有出产，其仁与白豆蔻相似。“杏仁”是杏的仁。“茴香”写作“蘹香”，明代李时珍的《本草纲目》一书中引用梁朝陶弘景的主张，其可以去除肉的腥臭味，即使放进臭酱里也能使其气味变好，所以称为回香（把臭味变为香味的意思）。李时珍的主张是，可能由于世俗的人们经常把它放入怀中，拿出来咀嚼，所以称为怀香。总之与胡椒等不同，茴香是人人都喜欢的香料，产于中国各地的多年生草本植物，籽实和麦粒大小相仿。“莳萝”是原产于波斯的一年生草，籽实和黍粒差不多大，还叫作“慈谋勒”，但都是番语。“八角茴香”的果实裂成了八瓣，每一个里面都有豆子大小的核，广西等地有产，大多是舶来品，所以也俗称“舶茴香”。《本草纲目》中记载莳萝也称为小茴香，但是《养小录》的“减用大料”中小茴香与莳萝并存，所以应该不是同一种东西，这种情况下的“小茴香”是相对于八角茴香称为大茴香的名称，是普通的茴香。“芜荑”的籽实类似榆钱，仁儿可以用于香料，味辛辣，有杀虫化食的功用。

综观上表，《齐民要术》中的“葱、蒜、苏、芥”因其性质，宋代以后的料物中都不使用了。当然这些作为香料在近代还经常使用。但是“茱萸”却不知什么原因完全不使用了。“胡荽”更接近恶臭，所以气味不为人接受。“木兰”不如“桂”。历史最古老的“姜”和“椒”慢慢地成为不可欠缺的香料，在我国很早就开始流行的香料就有这两种。外来的“胡椒”“荜拨”之所以有人气，可能是因为那种刺激的辛辣味一旦记住就难以忘记吧。“胡芹”即“马芹”籽，其香气类似橘皮，没有苦味，非常受重用。《齐民要术》中也有用它代用橘皮的情况。“橘皮”从废物利用的观点出发也是难以舍弃的东西。“高良姜”据说是又苦又辣的，但是不知道是怎样的辛辣味。“草豆蔻”在北京的饭店里有用纸一点点包起来的，据说饭后嚼可以去除口内的味道，还有健胃的功效，有点像樟脑的香味，吃后嘴里凉凉的。“砂仁”的香味我不了解。“杏仁”炒了之后作为茶点，油多，就像高级花生，独特的香气惹人喜爱；碾碎后放入茶里称为“杏仁茶”，黏糊糊的汁水可以煮成“杏酪”，是非常受欢迎的风味。最近我国作为主食的代用品，配给从美国进口的叫作“干杏仁”的食物，那是“干枣”，在中国很早就有制作，那个仁不适合食用，杏仁可不是那样的东西。

“茴香”不管怎么说应该是芳香的王者，稍稍探寻一下这种香草的由来。魏朝嵇康作有《怀香赋》，仅有它的序被收入唐代的《艺文类聚》第八十一卷。可是宋代的《太平御览》第九百八十三卷中收录有嵇含的《槐香赋》的序，几乎与《怀香赋》同文。嵇含是嵇康哥哥的孙子，以《南方草木状》的作者而闻名，也创作有几篇植物的赋，特别对草木有兴趣。但是嵇康也曾修行神仙的养生法，登山采草药，所以，这个赋到底是谁的作品无法确定。这里我们不讨论这个问题，说说“怀香”与“槐香”究竟应该是哪个呢？前者的文字怀香即与茴香是一致的，后者也是同音，应该也是同一种植物吧。据其文意记载，这种草是正月作者登历山时发现的，非常珍贵，就移植到自己家的院子里，花很漂亮，其实芳香“可以藏之于书”。嵇康寓居在河内郡的山阳县，即现在的河南省北部的修武县，采集到怀香的那座山应该是位于现在山西省南部，即阳城、翼城、桓曲之间的历山吧。所谓把籽作为防虫剂放在书籍中，由于那时的书籍是卷的，可能是卷在里面的吧。总之此赋的作者没有把它作为食膳的香料。但是正文中记载，曾见过此草种植在帝王的御苑大宅的院子里，也许王侯的珍馐中有用它的籽作为香料吧。据此可以确认魏末茴香已经在北方大地上存在了，但是在其后北朝的后魏编写的《齐民要术》中却看不到相关的记载，可能是因为产量还不够大，不能大范围地满足作为香料来使用吧。然而从此时南朝梁国的陶弘景称赞其作为食膳香料的出色功效看来，这种香草在南方比北方产出得多，可能在更早的时期就已经普及了。并且经过了唐代至今，成为料物中的宠儿，这都是因为其出色的香味。据说在我国长崎也有过叫作茴香酒的名产，到底长崎距离大唐近啊。现今的中国仍然经常可以闻到茴香的味道。北京的“五香羊肉”就完全是靠茴香提味的，想起来真令人怀念，怀香之名可谓恰当。在这么多的物料中，为什么忘记了加一味“芍药”呢？这才给了王引之把“芍药”解释为“适历”的发音转讹而来的论点提供了一些理由。

（1949年3月《东光》）

酒觞趣谈

夜光杯

葡萄美酒夜光杯，
欲饮琵琶马上催。

这是唐代王翰脍炙人口的《凉州词》中的诗句，它抒发了远征到西北塞外的武人的心情。那么，这里所说的斟满了葡萄美酒的夜光杯究竟是什么东西呢?《海内十洲记》中记录了周穆王时，西方胡地进献来一种叫作“夜光常满杯”的贡品，它是白玉的精品，其光芒可以照亮夜色，夜晚朝着天空放在院子中，到了早晨便会液体满杯，而且味道非常甘美，这是一般所认为的夜光杯的出处。但是这是文学上的美称，并不是王翰所指的实物。那么夜光杯实物又是什么呢?

我记得有一位西方学者把它解释为玻璃杯子，这的确是现实、合理的观点。葡萄酒和玻璃都是从西域传来的，用西域的器皿盛着西域的酒，在西部的沙漠地带畅饮的场景是多么和谐！

这里可以举出一个具体地记载了用玻璃杯饮葡萄酒的古代文献。这个文献见于宋代乐史的《杨太真外传》。当唐玄宗皇帝与杨贵妃在沉香亭观赏牡丹花时，李白作《清平调》一首赞美杨贵妃，唐玄宗命李龟年率梨园弟子吟唱该诗，杨贵妃非常开心，举杯畅饮。具体的文字如下："妃持玻璃七宝杯，酌西凉州葡萄酒，笑领歌意甚厚。……妃饮罢，敛绣巾再拜。"上述记载虽有被当作是小说之嫌，但《李太白别集序》中也有相同的记载，如此可以确认是史实，以此推测《杨太真外传》的作者应该是有唐代的文献可依的。因此，这是宫中用从西域进口的玻璃杯饮用西凉州进贡的葡萄酒的事实。而王翰的《凉州词》不是事实。它仅仅只是想象着凉州生活的一个场景，并提到当地的名产葡萄酒罢了。但是盛酒的器皿是从凉州方向传入中国的，这更加符合常识吧。

所谓西凉州，唐代称为凉州，宋初改名称之为西凉州，相当于现今的甘肃省武威县。但是据《唐书·地理志》记载，葡萄酒的产地仅提到了西州和太原府，并没有凉州。想必凉州并非是葡萄的产地，而是因为西域本土的优良品经由该地才得以输入中原而闻名的吧。《三国志·魏明帝纪》的注中引用《三辅决录》的注解中说，东汉灵帝时，扶风郡人孟他贿赂权臣张让，给了他一石（十斗）"蒲桃酒"，自己因此成为凉州刺史，似乎凉州自古就与葡萄酒有缘。还有宋初陶谷的《清异录》酒浆中记载，唐穆宗品尝樱桃时，喝了西凉州的葡萄酒，唐穆宗称赞其“真太平君子也”。王翰在《凉州词》中提到葡萄酒可能是顺应了当时的常识，那么配之以玻璃杯也是常识。可能是为了文学上的美化，所以借用了“夜光杯”的故事吧。如今看来，即便是文学上的夸张手法，把玻璃杯比作“夜光杯”也是不甚恰当的。其实在当时，玻璃也是西域进贡的珍宝。晚唐段成式的《酉阳杂俎・广知》篇中煞有介事地记录有“颇梨千岁冰所化也”，可见当时的玻璃是多么的珍贵啊。

我个人非常喜欢玻璃杯。夜晚，菱形的玻璃杯在灯光的反射下，闪闪发光，非常美丽，真的就像是夜光杯。李白赞美玉碗中的美酒：

兰陵美酒郁金香，
玉碗盛来琥珀光。

欣赏琥珀之色，玻璃杯比玉碗更加适合，玉杯厚重，玻璃杯清爽。如果把玉杯比作唐诗的典雅蕴藉，玻璃杯就可以比作宋诗的透彻明晰。我喜欢宋诗，平生喝酒都用玻璃杯。玉杯虽然典雅，但是大都边缘厚，不容易喝。银杯与此相似，锡杯俗气，并且金属容易导热，嘴唇会有种不舒服的温热感。白色的瓷器没有什么问题，但风雅的素色会影响酒的颜色，进而会感到酒的味道欠佳，还是无色透明的玻璃杯最好。

天保年间京都的狂诗人安穴道人即中岛棕隐曾自负道“好物好客好料理，虽才寝酒惊生洲”，但即便是他这样的风流雅士，好像平生也爱用玻璃杯。观其名著《都繁昌记》的序文，似乎此记是应某出版社的要求，以稿费二两，撰写一个每页约四百字共三十页的书稿。他开始动笔，大约写了一千字时，感叹到这才值四百文，正巧大阪的出版社兰蕙堂主来访，听了其中缘由，一下子掏出五两约定购买全稿，“并把座间一大玻璃拿起，倾红酒一瓶而去”。棕隐感叹的两页多的稿费四百文，以当时的物价相当于多少呢？他的序文中有天保丁酉（八年）的纪念，正好同一时期的《故事类苑》饮食部中有《天保十年物价书上》，记录有酒一升的价格“极上酒贰百三十六文，上酒壹百八十壹文，中酒壹百四十八文，下酒壹百贰拾四文”，四百文也就是两升多好酒的价钱，那么写一页文稿大概可以买一升酒吧。本来又是汉文，如果用现今的口语体假名杂文，至少可以增加三倍的长度吧。三页换好酒一升，如果是以文为生的人现在也会叹息的吧。大阪的书店老板虽然努力地翻了两倍半，也不是什么能让人满意的价钱。

兕觥与可杯

兕觥是在《诗经》中常见的一种酒杯。据《周南·卷耳》篇的注解，这是用一种用像牛的独角兽兕的角制作的杯子，宴会时被用作惩罚失礼的人，即作为“罚爵”使用的。还有一种说法是用木头雕刻的杯子，大概是替代品吧。原始的兕觥应该是从兕角的根部切下来，口向上，利用其空洞处斟酒饮用。参考《西清续鉴》（清乾隆年间宫中藏器的图录），其中收录有金属制的“周兕觥”的图是倒置的牛角形状，尺寸为：高五寸四分，深四寸九分，口径三寸二分，重十六两（约一斤），由此可以大体想象出兕觥原始的形状。也有“唐兕觥”图，高三寸七分，口径一寸九分，比周兕觥要矮小，角的头部做成了牛头的形状，这已经失去了很多原始的意义。话说最近山本千代喜氏的《食事史》（第六十六页）所载的罗马人的酒杯（大英博物馆藏）图中有三个与兕觥相似的器皿，一个基本保留了角的原形，另一个在角的头部做成了马的头和前脚的形状，还有一个做成了有嘴的怪兽的形状。这些把兽角做成杯的余留，颇耐人寻味。

周兕觥

据说此杯是被当作罚杯来使用的，那么，为什么被当作罚杯呢？关于这个问题我忽然想到我国的“可杯”。据柳亭种秀的《於路加於比》所载的图式，正好是把漏斗的孔塞住的形状，底是尖的，倒进酒后就不能放下了，不管喜欢不喜欢都不得不一口气喝完。据说“可杯”是因“可”在构词时必须是“可×”的形式，即可在上面，不可下置而得名的。酒徒饮至性酣时，拿出此杯痛饮。西鹤的《俗徒然》中有“可杯之后，众皆气盛无恐”。种秀对此的解释是，形容大家手手相传，频频举杯豪饮的情形。由此可以类推那个兕觥的角也是尖的，倒了酒后就不能放下，适合让人一口气把酒喝干，所以才被当作“罚爵”使用。

药玉船

江户初期的笑话集《醒笑睡》的舞之部中，列举了十余种杯子的名称，其中有一种叫作“药玉船”。这原本是中国制的杯子，当时传到了我国。关于这个杯子，据我所知，最早的文献是宋代苏东坡的诗。苏轼《二月三日点灯会客》一诗中有诗句如下：

试开云梦羔儿酒，
快泻钱塘药玉船。

南宋王十朋注解为“药玉船，以药煮石使似玉者，可作杯”，即人造的玉石做的杯子，是钱塘即杭州的名产。还有东坡题为《独酌试药玉滑盏有怀诸君子》的诗中有：

熔铅煮白石，作玉真自欺。
琢削为酒杯，规摹定州瓷。
荷心虽浅狭，镜面良渺弥。

对此杯的材质以及形状进行了描述。“熔铅”只是借用了道家炼丹术中熔铅和水银制作仙药的说法，实际上并没有使用。

苏东坡之后，南宋初期的诗中经常出现此杯的名称。例如，杨万里的《秋凉晚酌》中有：

古稀尚隔来年在，
且釂今宵药玉船。

还有其《梅露堂客燕夜归》中有：

药玉船中酒似空，
水沉烟上雪都融。

周必大的《腊旦大雪，运使何同叔羊羔酒送》一诗云：

浅斟未办销金帐，
快泻聊凭药玉船。

表达羡慕苏东坡的风流，之后的诗人似乎也喜欢玩赏药玉船这种酒杯。

那么为什么将其称为“船”呢？古代有一种被称为“玉东西”的玉杯。《武林旧事》后编所记载的南宋张俊进奉给高宗的玉器目录中也有“玉东西杯”。有一种观点认为其形状呈椭圆形，横向长，纵向短，所以称其为“东西”。“药玉船”极有可能是模仿了“玉东西杯”的。上古有一种叫作“卮”的酒器，是由于“玉卮无当”(《韩非子·外储说》)的故事而被大家所熟知，由此我们可以类推“玉东西”。我试着查了《西清续鉴》《宁寿鉴古》两本书(清乾隆年间宫中藏器的图)，不巧没有玉器，但是铜器的图有好几个。它们都是口径为横长纵短的椭圆形，例如《西清续鉴》所载的“周蟠夔卮”的口，纵向三寸一分，横向四寸，所谓的“玉东西”可能就是“玉卮”的俗称吧。大概“药玉船”就是模仿此古式的杯子，把横向做长，像船的形状，所以称呼中就用了“船”。古代铜器中有称作“舟”的器物，我们依此类推，《周礼·春官·司尊彝》条中描述了此器皿的用途，郑司农的注解为：“舟，尊下台，若今时承盘。”是放在盛酒的器皿——尊(樽)下面的台子。汉代人的注解为“如今时承盘”，现代的《辞源》中说明为：“犹如今称茶船也。”茶船就是茶托，放茶碗的台子。茶托有圆形的，也有横长的船形的。但是据前面提到的两本图录记载，古代的“舟”的形状都是

周蟠夔卮

椭圆的。例如其口纵向四寸一分，横向五寸六分。依此类推，“药玉船”的“船”也是意指其器皿的口为横长形，大概是椭圆的，是模仿古代“卮”的形状的。上述所引苏东坡诗中的“药滑盏”，而没有称为“船”，正如诗中所说，这个杯子的形状是模仿定州瓷器制作的，“荷心”，“镜面”，即杯子的底部瘪而窄，上部扩为圆形，不适合称之为“船”，所以才改了名称的吧。

三雅与武藏野

在中国痛饮时使用的大杯中，著名的要数“三雅”。“雅”是指杯子，特指大杯。下面的这个故事讲的是东汉末年群雄割据，据守荆州而睥睨南方的刘表的事情。他制作了三个大杯，大者称为伯雅，可以盛酒七升；次者称为中雅，可以盛酒六升；小的称为季雅，可以盛酒五升。刘表用它们灌醉客人，然后用带有针的拐杖刺醉倒的人，如果发现他们还有知觉就继续灌酒。这个故事可见于魏文帝的《典论》(《全三国文》第八卷)。虽说当时的一升相当于我们的一合[1]，但也已经是相当大的量了。后来这成了大酒量的典故，提到“伯雅”就是大杯的意思，还有仿此制作了三雅的人。明代陈继儒的《太平清

① 译者注：一合相当于约180毫升。

话》第二卷中记载，有个叫孙汉阳的人，用紫檀木模仿制作了三雅，让客人掷双六骰子，根据所出的点数喝酒。还有清初的文人顾嗣立也制作了三雅，大雅可以盛酒三十斤，中、小雅逐渐依次减量，聚集酒徒结社，据说想要入社者，需要用三雅各喝一杯才能满足合格条件[①]。清代的酒一斤相当于我们的三合，伯雅的三十斤相当于八升多。

在我国，过去把大杯称为“武藏野”，是“野见不尽”（饮不尽）的双关幽默（《傍厢》后篇）。说到大杯，最为著名的是江户初期的庆安年间（1648~1651），江户大塚的地黄坊樽次即本名茨木春朔一群人，与川崎大师河原的大蛇丸底深即本名池上太郎右卫门的徒弟拼酒时使用的“蜂龙杯”。这种杯的原型由池上家世代相传，在山东京传的《近世奇迹考》、太田南畝的《玉川披砂》、喜多村信节的《筠庭杂录》中都分别有示意图。根据相关记述，此杯涂着朱漆，内面有用金粉画的蜜蜂和螃蟹，口径八寸，深三寸八分，容量为七合。并不是非常大的杯子，作为拼酒的器皿刚好合适。

文化十二年（1815），江户千住的一位叫作中屋六左卫门的酒店老板，为了庆祝花甲举行的斗饮会所用的杯子，据太田南畝的《一话一言》增订本第三十八卷记录，大致有以下几种：

江岛杯（五合）	镰仓杯（七合）
宫岛杯（一升）	万寿无疆杯（一升五合）
绿毛龟杯（二升五合）	丹顶鹤杯（三升）

---

① 《茶余客话》第三卷。

这些杯子很多比蜂龙杯大。当时大阪有一家叫作“浮濑”的菜馆，有一只自古家传的刻有“浮濑”的鲍贝杯子。其容量有七合半，是把大鲍贝的孔塞起来做成了杯子，装在极为名贵的锦袋中珍藏着，后被江户的好事者所闻，在曲亭马琴的《烹杂之记》的前集中也有相关的评论。另外，他们家还有一个名曰“七人猩猩”的朱漆大杯，容量六升五合，据说自古以来用此杯喝过酒的只有两个人。①

桃核杯

鲍贝杯与岛国日本名副其实，但说到桃核的杯子，如果不是信仰西王母的国家，是不会出现那样的特产的。据唐代段成式的《酉阳杂俎》第七卷记载，桃核杯为蜀国后主所有，是把桃核破成两半，各有五升的容积，由于盛水不久之后水就会变得有酒的味道，所以盛酒和盛水交替便可供宴会饮用，是一种有魔法的器皿。还有清代俞樾的《茶香室从钞》第二十卷中引用宋代张英的《后蜀纪事》，记载后蜀之主孟昶时期，中书舍人刘光祚把从华山陈抟那里得到的蟠桃核的酒杯进献给了君主的逸事。前者是三国时代的蜀主，后者是五代时期的蜀主，我总感觉这两个故事后者是据前者改编的。

关于桃核杯的故事还有一个。据称桃核杯是长春真人进献给元世祖的。元末诗人杨维桢为此作有《桃核歌》②。据其歌序称，有一

① 《浪华百事谈》第九卷。
② 《铁崖逸编》第二卷。

天，元世祖驾临长春真人的宅邸，碰巧真人正在午睡，等他睡醒时，真人说臣刚刚赴了西王母的蟠桃宴，说着从袖中掏出一个碗大的桃核，把它分成两半做成了两个杯子，一个进献给了元世祖，一个留给了自己。这些故事都是从西王母的蟠桃传说捏造出来的，想来是大少爷们的娱乐罢了。

金莲杯与解语杯

前面提到的《桃核歌》的作者杨维桢(铁崖)与其所作的诗相反，其本人有一种恶俗的杯子癖。他是元末东南诗坛的领袖，但是经常四处游荡，沉溺于声色。在酒席宴上，他寻找特别小脚的妓女，脱下她们的绣鞋，把酒杯放入其中，轮着让坐客们喝酒，并戏称为“金莲杯”①。有一天他和倪云林在友人家会饮时，又转起了金莲杯，向来有洁癖的倪云林气愤至极，差点儿掀翻了饭桌，酒宴也就不欢而散②。聚集在他周围的诗人中，也有一些人讨好他。他去杭州游玩时，于某个酒席上又开始了玩鞋杯，让当地知名的诗人瞿佑为此作诗，并立刻让侍奉的妓女唱诗助兴③。这种做法本来也不是铁崖的创意，从宋代张邦基的《墨庄漫录》所载的王深辅的《双凫》诗中可以看出，这种风气从宋代就有了，《辍耕录》中有相关的记载。

铁崖的金莲杯实际上只是把鞋子当作了杯托，把鞋子当作酒杯

---

① 《辍耕录》第二十三卷。

② 《云林遗事》。

③ 《渔矶漫钞》第三卷。

直接饮酒的故事出现在唐代冯贽的《云仙杂记》的第二卷。说的是一位叫作赵廷芝的人用千纹布做了一个半月履，友人唐辅明去他家，看到后立刻抢了过来，倒入酒，并声称，你们家的酒杯都太小了，这个鞋倒是够大，边说边喝了下去。比起金莲杯，这个故事更加豪爽，我很喜欢，但是对于我们有洁癖的日本人来讲简直是不能想象的。

金莲杯本就是低级趣味，蹙眉的也不仅只有倪云林。《辍耕录》的作者陶宗仪也抨斥说“予窃其厌可怪”，并举了一个自己曾经历的清雅的例子来颂扬。那是元末至正庚子（1360）的秋天，在松江的夏氏清樾堂举行宴会，酒宴过半时，主人折了一枝盛开的莲花，中间放入一个小金杯，让歌姬们拿着给宾客们敬酒。客人拿到后，左手拿着花枝，右手分开花瓣饮酒，别有情趣。陶宗仪为之取名为“解语杯”，博得了席间人们的一致称赞①。但是“解语杯”的名称略有不妥当。比起美女，更应以莲花来命名，应该称之为“金莲杯”吧。

碧筒杯与软金杯

这两个都是很有名的故事。首先，碧筒杯的故事出现在《酉阳杂俎》的酒食篇中。历城，即当今的山东省济南的北边有一片叫作使君林（太守所有的森林）的森林。那里过去是魏朝正始年间在当地做官的郑公悫与其下属在三伏天避暑的地方。有一天，根据他的创意，在大片的荷叶中心开个孔，把叶柄穿过去，然后把叶柄像大象鼻子

① 《辍耕录》第二十八卷。

一样向上方压弯，在荷叶里装两升酒，让大家传着从叶柄的另一头喝酒，并起名为“碧筒杯”。荷叶的香气渗入酒里，风味甚佳，一时间在当地流行起来。

另一个故事完全可与碧筒杯的故事相媲美。这个故事是作为金国天子章宗的传说流传下来的，据金国刘祁的《归潜志》第一卷记载，章宗天资聪颖，擅诗词，作为其擅长诗词的例子，列举了其所作的词《软金杯》，更为详细的情况不得而知。所谓的软金杯是把成熟的金黄色的橙子一分为二，把里面的果肉掏出来，把果皮当酒杯用，章宗形容其“柔软九回肠，冷怯玻璃碗”。橙子的香味很好，但是还有使用香味更好的香橼（枸橼）当作酒杯的，相关的记录出现在林洪的《山家清供》一书中。有个叫谢奕礼的人，曾经把香橼一分为二当作酒杯，倒入天子下赐的酒给客人，满席都是清香的芬芳。谢奕礼是什么时代的人不详，作者林洪是南宋末期理宗朝的人，比金国章宗的年代略晚，这个和章宗的软金杯究竟哪个更早难以确定，但是在南宋就已经有了这样的记录，可以肯定软金杯并不是章宗的创意，他只是曾经尝试过用此杯饮酒作词而已。

本篇是整理了1949年2月某日，我在西宫史谈会上演讲时的手稿。当天在辰马氏的白鹰酒窖试饮了各种酒，品尝着新酒，喝得酩酊大醉，最终在那里住了一晚。第二天顺便参观了其他的酒窖后返回了京都，是一段非常美好的回忆。

（1958年10月记）

唐风十题

八种唐点心

平安朝时期流行的唐风点心中，有八种具有代表性的东西在《厨事类记》中有记录，它们分别是：梅子、桃子、桂心、黏脐、饆饠、团喜、馅子、餲餬。这些点心大都是和式的，其中在中国的文献中能找到的仅有饆饠、馅子、餲餬这三种。有关饆饠，在唐代《资暇集》中有记载说，由于当时蕃地的毕氏和罗氏喜欢吃这个味道，所以称为毕罗，现今添加了“食”字旁是不正确的。虽然这个说法有点奇怪，但是暗示了这个食物是从外国传来的。它的品质和制法，目前从中国的文献中依然无法找到，我国的《类聚名物考》中记载：“把糯米做成粉，然后做成薄而平的类似煎饼的形状后煎烤。由厨师们口口相传，直径大概一寸七八分厚。”明代初期的戏曲《琵琶记》中有这样的描写，贞女赵五娘在丈夫上京期间遭遇饥馑，仅能勉强给婆婆提供米食，自己则靠吃米糠的饆饠充饥。前面提到的厨师们口口相传的内容足可成为上述场景的注脚。

关于䭔子，宋初编写的《太平广记·食类》中的《庐氏杂说》中记录了制作此食物的名人的故事。据记载，那是面粉做的油炸小团子，松脆香甜。据宋代的《岁时广记》一书记载，上元节（正月十五）时有吃“焦䭔”的风俗。范成大的《上元纪吴中节物》诗的注解有“䭔拍吴中谓之宝糖䭔，特为脆美”，指的可能就是䭔子。另外，清代的《清嘉录》中记载，上元节吃“油䭔”，可见是一直到近代都有的一种风俗。

餲餬似乎就是在《和名抄》中出现的“餲饼”，是用面粉做成蝎子的形状，再用油煎的一种食物。“餲”是“蝎”的转讹，东汉的字典《释名》中是“蝎饼”，北魏的农书《齐民要术》中有“截饼，一名蝎子”一句。其做法是用酱和牛羊乳拌面，拧成绳子的样子后，再用油炸。《土佐日记》中出现的麻花可能就是这种点心——现今的江米条可能就是它的遗风吧。

顺便提一下，团喜就是欢喜团，《和名抄》中考证其做法是根据佛经里的内容。还有太田南畝的《南畝莠言》中有古代的四种干点心，即餲笼、桂心、浑沌、加久绳，前面两种与团喜有关。

白雪糕

所谓白雪糕，本来是根据中国医书记载的滋补养身点心的配方制作的。《和汉三才图会》中可见其制作方法，意译如下：

> 《回春》中说，白雪糕的制作方法，大米一升，糯米一升。山药（煮熟），莲子去心，芡实，以上各四十两制作成粉末。加入一斤半白砂糖，搅拌均匀，蒸熟后切成喜欢的大小食用。可滋养元气，健脾胃。内伤、虚劳、泄泻者，可当作主食食用为佳。

此处的“回春”指的是明代龚廷贤的著作《万病回春》八卷。此医书似乎有江户初期的和刻本，在江户时期以前就已经非常流行了。应该是哪个医生把《回春》的处方教给了点心店的人，从而做成了白雪糕。早在曲直濑道三的《虽知苦庵养生物语》中就有如下描述：“遇有急事外出，可携带吃食，于办事之间隙食之，饥饿之事甚为煎熬，将白雪糕制成粉末，仕官宜常持之。”作者曲直濑道三是位名医，于文禄四年（1595）去世，享年89岁。他在书中自述道“年近九十而无病”，由此看来，这部书是其晚年的著作，而当时白雪糕已经非常流行了。还有写有天和三年（1683）序文的名古屋玄医的《养生主论》中提出了不同意见，书中写道：“白雪糕于病人不宜，山药、莲肉等越多，越不宜湿气重的人。”总之，以前是把白雪糕当作滋补品食用的。据铃木宗康氏的《诸国名物点心》（1941年刊）介绍，当今大阪有售的仙锦糕也是一种白雪糕，以前是把它当作药品的，将其捣碎加入开水给婴儿吃，据说有药一样的功效。

享保年间（1716~1735），菊冈沾凉的《近世世事谈》中有“传云，干点心是基于本草的白雪糕而制”。这里提到的“本草”应该是“回春”

之误，但白雪糕对干点心的发展发挥了巨大的作用，这是毋庸置疑的。与白雪糕甚为相似的“落雁”的做法也可以推定是从中国传来的，属于这个系统的干点心很多，所以不能完全归于白雪糕。此二者虽然起源有明显的区别，但是到了后来就很难判别了。金泽有名的点心“长生殿”（落雁）与越后长冈的名点“越之雪”（白雪糕），如果问哪个是落雁，哪个是白雪糕，即便是非常喜欢甜点的人，也有相当多的人搞不清楚吧。更不要说我们这些山阳的酒徒了。

附记：

关于白雪糕，我在以前的著作《华国风味》（1949年弘文堂）所收的《落雁与白雪糕》一篇中有详述。其中对曲直濑道三的年代的推断有误，今据《事实文编》第一卷所收的《曲直濑道三传》订正。关于落雁，详细请看我的旧作《华国风味》。

茶

在中国关于饮茶最早的文献是西汉宣帝的神爵三年（前59年）王褒的《僮约》（买卖奴隶的证明书）的戏文中，有规定奴隶服务的条款，其中有“烹茶”一项。还有晋朝郭璞在《尔雅》的“苦荼”的注解中有“可煮作羹饮”，这被认为是茶的原始饮用方法。“羹”是指蔬菜的汁，当时似乎是把茶叶像煮菜汁一样煮着喝的。后来出现了把茶叶磨成粉末，加入开水搅拌后喝的方法，这在晋代就已经有了。前者是煎茶法的起源，后者是抹茶法的起源。

碾茶与煎汤（宣化下八里一〇号墓壁画）

先来概观一下抹茶的制法，从六朝到唐代流行的是茶饼。把茶叶蒸熟后捣碎，做成饼的形状后干燥固化，使用时再用臼子捣碎成粉末。最早传到我国的就是这种方法。这可以从平安朝初期，嵯峨天皇的诗句中有“吟诗不厌捣香茗”，可窥见其一斑。后来又出现了碾磨法，即使用像药碾子一样的东西研磨的方法。唐代陆羽的《茶经》中记载的就是这种方法。平安朝时代的《和名抄》中也有“茶碾子，俗谓之为茶研”的说法。由此看来，这种方法似乎也传到了我国。顺便提一下，到了宋代制作了比茶饼更加精巧的团茶，磨的时候使用的仍然是碾子，而且这个时期，另外出现了一种使用“硙”的磨臼磨茶的方法。众所周知，这种方法也传到了我国，现今仍然在使用。

那么沏茶的方法又是怎样的呢？原始的方法是用竹箸搅拌至起沫，陆羽在《茶经》中也提到了此种方法。之后宋代蔡襄在《茶录》中记录的茶的原产地建宁（今福建省建瓯）的方法，是用茶匙搅拌的。后来徽宗皇帝的《大观茶论》中第一次出现了茶筅的使用，到此沏茶的方法就全了。

那么把茶叶直接煮着喝这种简单的煎茶法，似乎所有的时代都有使用，唐宋年代的茶人都没有当回事。唯有南宋林洪的《山家清供》一书认为，抹茶易引起胸闷，损脾胃，应当尽可能地予以摈弃，并认为煎茶可去胸闷、助消化，应予以弘扬。由此可以看出，抹茶法的全盛期一直持续到元代。而据明代的《野获编》记载，明太祖灭了元朝夺取天下后，因为团茶的制作费功夫，浪费人力，所以废除了团茶的制作，改为以茶叶进贡，自此开辟了煎煮茶叶直接饮用的先河。时值我国的足利义满将军执政末年，也正值我国茶道开始盛行之时。从那时开始，抹茶在我国更加盛行，而相反地在中国却逐渐被废止，最后仅仅剩下了煎茶之法。到了承应三年（1654），归化到我国的僧人隐元把明朝的煎茶法传入我国，从而就有了与抹茶派相对抗的煎茶一派，煎茶法随之便在我国兴盛了起来。

附记：

关于此项，我以前的旧著《华国风味》中所收录的《抹茶源流》中有详细记述。

桌袱菜

所谓桌袱料理是在长崎地区兴起的中国式料理，其特点是大家围着桌子吃饭。从唐代的佛经《百丈清规》中“设桌袱”“备盘袱”的用例可以看出，“桌袱”原意指的是桌子上盖的布，即桌布。而且宝永四年（1707）编著的《舜水朱氏谈绮》中，“卓”字翻译为“シッポク”，当时已经有了桌子的含义了。因此也有人简单明了地直接写成“食桌料理”。也有观点认为，“卓”字发音为“シッ”，是广东或越南北部的方言。

据《嬉游笑览》所引《大意草》介绍，享保年间有个名叫佐野屋嘉兵卫的人从长崎来到京都，在祇园的下河原开了一家食桌料理店，食桌料理从此在京都流传开来，并扩大到了大阪，以野堂町的“贵得斋”最为兴隆。当时的江户地区也零星有一些食桌料理，但没有流行开来，仅仅是放了很多浇头的荞麦面算是其残留的一点遗风吧。

享和元年（1801）旅游到九州的人写的《筑紫纪行》中，记载了其在长崎吃过的桌袱料理的菜单。在此试举其中较为简单的菜单如下：

茶泡饭料头（酱老头鱼、小葱、香头）、饭、杯、套菜（醋虾、川茸、鲍鱼、鱼糕、葛头）、桌台（圆形）

小菜（酱烤虾）、小菜（奈良酱腌萝卜）、小菜（生鱼片、黄瓜、鲹鱼片）、小菜（腌莴苣笋）

大碗（竹笋、花虾、面筋、蜂斗菜、鱼糕）、大海碗（虾糕、萝卜）、大海碗（鲍鱼、银杏）

如上所述，料理被分为小菜和大菜（大碗以下），摆在桌子上的方式是中国式的，而料理的内容都是日式的。

下面我们要介绍的是《料理通》初篇中记录的文化年间（1804~1817）江户有名的料理店“八百善”的菜单。该菜单分为鱼类和素菜类两种桌袱料理，也是把小菜和大菜分开，其中虽然有“鱼肉卷”“唐煮茄子”等中式菜，但大部分仍然是日本料理。

素餐中的普茶料理可以看作是桌袱料理的另一个派别。黄檗宗的总寺院和宇治的万福寺的素餐原本是非常有名的，但是，明治末期在万福寺门前出现了一家专营素餐的饭馆。黄檗宗的开山之祖隐元是明朝的归化人，所以，是一个颇具浓厚中国情趣的宗派，普茶似乎也是起源于中国的寺院料理，比桌袱料理保留了更多的中华风味。

附：萨摩侯的桌袱菜

此条目由于当时匆匆执笔，颇有资料不足的遗憾。可是后来得闲翻阅《长崎市史》(古贺十二郎编，大正四年刊)，其《风俗》篇中的衣食住的第二节，料理的项目中详细地记载了桌袱菜。其中最令我感兴趣的是明和年间(1764~1771)，擅长汉语的有名的萨摩藩主岛津重豪在其江户的藩邸中招待肋坂侯、九鬼侯等人时的桌袱菜菜单。与长崎等地方的桌袱菜完全不同，这份菜单更具中国菜的特点，但又不是完全的模仿，非常巧妙地运用了日本风味。此菜单虽然在《甲子夜话》的续篇第三十九中有记载，但我手边没有原著，而且也无暇对校。根据手记引用如下：

桌子　纸包　箸子　签牙　汤瓢　酒钟　碟儿

小菜　八重山海参　鲻鱼炖南瓜　薯蓣　草石蚕

小菜　红鱼肉圆　小鲍　河茸　香橘

小菜　寒完

小菜　乌贼　笋　拌花椒芽

小菜　叉烧　辛子

小菜　酒糟腌鲕鱼　酒糟腌香鱼子　咸赤贝　茎姜

小菜　团子

小菜　糖腌天门冬　梨糕　冰糖　京橘　茶　贵圆

大菜次序

第一碗　鲷　神马藻　赤卵　叶花椒

　　　　饭　红白　小菜　腌萝卜　酒糟腌瓜　腌菜

第二碗　油鸭　松茸　笋　拔菜　茗荷

第三碗　鲜鱼片　金枪鱼　鲆鱼　防风　紫苏　萝卜

　　　　点心　鸡蛋糕　肉包　常盘菜

第四碗　海鳗饼　飞龙头　藕　百合　蕨　红花生

第五碗　鸡　牛蒡　舞茸　蜂斗菜　野蜀葵　海粉

第六碗　干酱汤　方头鱼　芋头茎　岩茸　水山椒

　　　　饭　唐水糖　西国米

上面这些菜品中有几样是不太清楚的，幸好岛津重豪著有汉语的词语集《南山俗语考》五卷的著作，因此有些菜名可以通过参考其中的食物部、鳞介部、草木部来判明。借助于此，我大概解释一下上面的菜单。

首先，桌子上摆放了用纸包好的各自的餐具。“箸子”就是筷子、“签牙”就是牙签、“汤瓢”就是汤匙、“酒钟”就是酒盅、“碟儿”就是小碟子。据说“汤瓢”这个词，现在仍然在黄檗宗的寺院中使用。《随园食单》中仅使用了“瓢”这个单字。小菜，即辅助性的、小吃类的食品，之所以要分八类叙述，是因为分放了八个盘子。这些是前菜、凉菜。有的一个盘子中放了几种不同的食物，这种方式在中国菜中并不多见，应该是汲取了一些日本的“砚盖”的风格吧。

关于“草石蚕”，在《南山俗语考》中注训为“チョロギ”，也就是甘露子的俗名。“红鱼”的解释是鲷鱼。“肉圆”是肉丸子，这是中国菜。“寒完”不详。“辛子”应该是芥子吧。“天门冬”是草药，把它的根用糖腌。《筑紫纪行》的桌袱菜的菜单中也有此菜名。“梨糕”在《南山俗语考》中解释为用梨做的年糕。“贵圆”应该是桂圆的笔误，并且应该是“桂圆汤”漏掉了一个字，是把桂圆即龙眼肉用砂糖煮的汤，与茶同时上席的原因在《清俗纪闻》的饮食部中有相关说明。

大菜是正式的菜，基本上是刚出锅的热菜肴。盛大菜的碗都是大海碗，汤或者带汤汁的菜都用碗来盛。“盆”通常称为“盘”，就是扁平的盘子，盛放无汤的菜。第一碗的“鲷”应该是煮鲷鱼吧；“神马藻”不详；“赤卵”可能就是鲑鱼的鱼子。先上饭是当时的风俗，这里的小菜应该是茶泡饭的菜吧。第二碗的“油鸭”应该是中国式的油炸鸭子，和它一起煮的有“拔菜”，在《俗语考》中解释为菜芽，似乎是间拔菜。第三碗的“鲜鱼片”似乎是生鱼片，后面的“点心”是茶点心、茶食之类的。正如《清俗纪闻》中所记录的“十碗菜时，在四五碗菜后上点心、上醒酒汤，之后再继续上菜”，在大菜之间上点心是当时的风俗。“鸡蛋糕”就是鸡蛋做的蛋糕；“常盘菜”不详。第四碗的“海鳗饼”是海鳗的山芋饼吧。第五碗的“野蜀葵”，据《俗语考》说就是三叶芹；“海粉”不详。第六碗“干酱汤”的“干酱”，《俗语考》中说是味噌，应该是味噌汤；“水山椒”“唐水糖”不详；“西国米”是把从东印度诸岛的西谷椰子树的淀粉做成颗粒状，煮粥时用，这种东西在江户时代传到了日本，使用的汉字为“西国米”或“沙菰米”。

从这份菜单的整体可以看出，小菜中有乌贼和竹笋拌花椒芽，第四碗中使用了“蕨”，这都表明是春季的菜。而且小菜中有“梨糕”，第二碗中有“松茸”，不是当季的食品。松茸使用的应该是晾干的干货吧。参考《南山俗语考》中的“梨片，腌梨”，也可以看出这里使用的不是新鲜的梨，而是加工过的保存食品梨糕。此品应该是现今难以见到的珍品了。

（1958 秋附记）

豆　腐

据说豆腐是汉武帝时期淮南王刘安发明的。淮南王爱好学术，经常聚集文人学者编辑他的著作，其中就有《淮南王万毕术》这种自然科学的书。如今此书的完整内容虽然已经不存，仅有一些片段传世，豆腐的做法就在这本书中有记录。

豆腐传入我国的年代不详，可能是镰仓室町时代留学的僧侣带回来的。室町中期文安元年(1444)的《下学集》中记载了“豆腐”一词。末期的《宗长手记》中的大永六年(1526)条目记载了在炉子边以“酱烤豆腐”为下酒菜的内容。江户时代初期，据说泉州堺的“红叶豆腐”很有名，《堺鉴》（天和三年，1683 年序）中记录豆腐上印有红叶的形状。在江户，下谷三味线崛华藏院门前七轩町的“华藏院豆腐”非常有名，对此，种彦的《柳亭记》中有考证，《续江户砂子》(1717 年刊)中有“形状似包子”的记述，似乎是比较有特色的东西。

京都祇园二轩茶屋的“祇园豆腐”很有名,在《望一后千句》(1650年作)中有“在祇园前歇息一会儿，大家吃着或煮的或烧的豆腐，轻松惬意”的描写，可见其历史的久远，但到了明治中期便中落了(近年在祇园的中村屋中又复兴了起来)。据《雍州府志》记载，那是串在竹串上烤的豆腐，虽然味道随着时代的变迁有所不同，但一定都是酱烤豆腐。据《浪华百事谈》(明治二十五年左右编写)记载，在大阪高津神社石台阶下面的那家汤豆腐店就是有名的“高津豆腐”，创业于万治年间(1658~1660)，作为当地的名产已经绵延持续了二百多年,《豆腐百珍》的正篇和续篇中介绍了各种各样的珍馐，其中最美味的仍然是酱烤豆腐和汤豆腐。从这个意义上来说，祇园豆腐和高津豆腐是最好的。

那么如今又是怎样的情况呢？我一直深信京都的素食是最好的,但当我从京都来到山口，这里的豆腐之好让我吃惊。这里的豆腐又细又软，有黏性，味道也好，估计是日本最好吧。我问别人为什么山口的豆腐这么好吃，有人告诉我说是因为山口和荻之间有一个叫作佐佐并的地方出产优质的大豆，山口的豆腐使用的都是那里的大豆。也有人说是因为水质好。我非常赞同这些都是重要的条件,可是以我的愚见,石磨的石质好也是很重要的。当地出产很好的花岗岩,德山的黑发岛的花岗岩很有名，质地非常细密，研磨后石面光滑如镜。明代的《篷栊夜话》中记载，歙州制作豆腐时使用的石磨是与砚台相同材质的石头制作的，豆子磨得很细，做出的豆腐非常好。歙州是与端溪齐名的砚台的产地,可见石磨的材质之于豆腐是多么重要。

纳　豆

纳豆的制作方法也是从中国大陆传来的。在中国，纳豆被称为“豉”，在东汉时期就已经有文献记载了。纳豆很早就传入我国，平安朝的《和名抄》中已有记载，它的日本名称叫作“クキ”。“豉”分为淡豉和盐豉两种。制作方法远的在北魏的农书《齐民要术》中就有记载，近的在明代的《本草纲目》中也可以看到。制作淡豉时，先把大豆煮熟或者蒸熟，然后摊在草席上，盖上稻草，过几日豆子发霉后吹掉它的豆皮，边加水边搅拌，直到握在手里时从指缝可以漏出汁水，然后装入瓶子里，盖上桑叶，用泥密封后晒七天，取出后重复上面的操作，再放入瓶中晒，这样重复三次，淡豉就做成了。盐豉大体也是按照上述相同的要领只操作一次，加入盐、生姜、花椒等香料，放入瓶中晒一个月就好了。

淡豉相当于我国的苞纳豆，盐豉相当于我国的浜名纳豆、大德寺纳豆之类。苞纳豆是以更简单的方法制作的淡豉，可以说是我国的发明。民间传说这是利休看到落在马棚稻草上的大豆发霉而发明出来的，这种说法也不见得全是胡诌。总之，苞纳豆是我国原产的。

纳豆在我国仅仅是食品，而在中国它既是食品，同时又是酱油发明之前重要的调料，称作豉汁。所谓豉汁，就是把淡豉或者盐豉捣碎后用水溶化使用的一种调料。豉汁的使用从汉代就已经开始了，《楚辞》的《招魂》篇中有“大苦咸酸”云云，东汉王逸作注说：“大苦，豉也……取豉汁，和以椒姜咸醋。”那么如果如王逸的注解所言，战国末期就已经有豉汁了，至少可以确定王逸的时代就已经有了。后来北魏的农书《齐民要术》中描述肉类烹饪方法的诸篇中，“盐豉汁”“豉汁”作为调料名屡屡出现。还有与上面几乎相同时代南宋时期编写的《世说新语》的《言语》篇中记载着关于盐豉的有名的逸话：晋朝陆机从江南来到北方洛阳拜访王济时，王济向他炫耀羊酪的美味，问陆机的家乡有什么可以和这个媲美的，陆机骄傲地回答：“千里有莼羹，然未下盐豉。”意思是说千里湖的莼菜羹，不用盐豉调味也很美味。

馒 头

馒头这个名称最早见于晋代束皙的《饼赋》。据宋代的《事物起源》记载，传说三国时代蜀国的诸葛孔明征伐孟获时，有人劝他祭奠南蛮的神明以祈求庇护。按照南蛮的风俗，需要供奉人的首级。孔明想出一个办法，用面包上羊肉和猪肉做成人头的样子来取代人的首级进行祭奠。据说馒头就是由此兴起的。还有明代的《七修类稿》中关于其名称曾补充道，因为是做成蛮人首级的样子，所以称为“蛮头”，后来转讹为“馒头”。但这是不足取的平庸说法。早先的《饼赋》中写的是“曼头”，后来因为是食品，便逐渐使用了“馒”字。“曼”有“曼肤”“曼致”“曼泽”等熟语，都是用来形容皮肤细腻而光滑，“曼头”应该也是给人有同样的感觉，所以才这样命名的吧。

关于馒头的制作方法传入到日本的缘起，据说是京都建仁寺的第二世龙山禅师渡海入唐之际，带回来一位名叫林净因的馒头师傅开始的。那是元顺宗至正元年的事情，刚好相当于我国南北朝初期后村上天皇的兴国二年（1341）。林净因改姓为盐濑，在奈良开业，所以大家就称其为奈良馒头。林净因有好几个儿子，其中一人成为了龙山的弟子，就是建仁寺两足院的开祖无等以伦。他的一个弟弟在京都经营馒头店，据说就是乌丸的盐濑的始祖。这些事情在《雍州府志》中都有记载，很有名。还有京都一条的虎屋馒头的始祖三官，也是来自中国的归化人，目前这家店铺仍然生意兴隆。

中国的馒头以肉和蔬菜馅儿为主，而传入我国的馒头是由跟从僧人的师傅制作的，自然是素馅儿，而且肉馅儿也不符合我国人的口味。因此室町末期的《七十一番职人歌合》中出现的卖馒头的图中题有："糖馒头、菜馒头，都美味可口。"好像当时最主要的是这两种馒头。到了江户初期的《醒睡笑》的笑话集中，有把糖馒头和小豆馒头相比较的话题。可以看出原来的小豆馅儿里是不放糖的，后来把这两种合并起来就有了我们今天吃的非常可口的馒头了。寻觅事物的发展历史，真是一件很有趣的事情。

馄 饨

馄饨是用面做的薄皮包上肉馅儿煮制的食品。在日本古代平安朝的《江家次第》中的元旦宴会菜单中就可以看到它的名称。后来的《庭训往来》《节用集》等书籍中都出现了这个名称，而江户中期以后就难觅其踪迹了。伊势贞丈的《贞丈杂记》对此物做了说明："馄饨又称为温饨。当今称为'食'的是切面，并不是过去所说的馄饨。"如是，近代在我国所说的UDON实际上是中国的“切面”。我国在室町时代将其称为“切麦”，相对于冰镇着吃的冷麦，热着吃的称为温麦。与其别名温饨一样，温面的名称就这样沿袭了下来。

在中国，切面的先祖是“水引饼”，在晋代文人傅玄的《七谟》、弘君举的《食檄》等文章中都可以看到相关的记载。北魏的农书《齐民要术》中记载了它的制作方法。据记载，首先将面粉用很细的筛网筛好后，用调好味道的肉汁和好，拉成筷子粗细后，切成一尺左右长短，浸在水里用手指捏着拉成韭菜一般的厚度，然后一根一根地放入锅里煮。这个方法虽然有点幼稚，但是也可以算是一种拉长的切面吧。后来为了制作更加简便，发明了把面擀成片再切的方法，大家把这个称为“切面”。这种方法是从什么时候开始的不详，但从文献中可以看出至少唐代就已经相当流行了。例如唐代的《云仙杂记》引用的《河东备录》中所说的，“(河东)并州、代州(今山西省太原及代县)人，喜嗜面，切以吴刀，淘以洛酒，漆斗储之，系鼓呼集老幼，自以多寡取之至饱”。这就是所谓的“冷淘面”，即冷麦类吧。冷淘面以前在我国也有，在《撮壤集》中有相关的记载。这也是切面的一种。

切面以及其他的面食直到南宋时期都非常流行，这与中国南方人的嗜好相适合。直至今日，中国仍有北方人喜欢吃饼，南方人喜欢吃面的习惯。据《东京梦华录》记载，北宋的首都汴梁的饼店非常昌盛，《梦粱录》记载，南宋的首都临安的面食店非常繁荣。在宋代，我国的留学僧人去南方的人比较多，可以想见切面的方法是由他们带回来的。

青　菜

古代的日本人吃的都是什么样的蔬菜呢？当今在东北地区仍然经常食用野草和树芽，这可能就是原始生活的遗风吧。现在如果试着站在蔬菜店的店头，想要区分哪些是日本固有的蔬菜，恐怕已经很难了。我总觉得大多都是古代从中国、朝鲜，近代从西洋传来的。

《古事记》的“高津宫（仁德天皇）”条目中，有一首仁德天皇所咏的诗歌，说的是天皇看到了一位采摘“菘”的少女，就将其叫住的情景：

大意是：山坡之上，种有青菜，与伊人共采摘，定会乐趣无穷。[①]原文中的“アオナ”的借用汉字是“菘”。另外，《万叶集》的第十六卷长忌寸意麿的诗歌中，“アオナ”的借用汉字使用了“蔓菁”，这和《和名抄》中的芜菁（与蔓菁相同）的日本名一致。那么，古代的“アオナ”到底是“菘”还是“蔓菁”呢？“菘”是白菜的始祖，蔓菁就是芜菁。

据宋代的《政和证类本草》中陶弘景所言，芜菁比温菘（萝卜）细，叶子与菘相似。还据《图经》记载，菘与芜菁相似，茎长而叶子无光泽的是芜菁，茎短、叶子宽而厚且皱起来的是菘。由于相似，在编写《古事记》和《万叶集》的年代还没有明确区分，所以都称为“アオナ”。然而到了平安朝中期的《康赖本草》中，这两者便有了区分，芜菁的日本名为AONA，菘的日本名为TAKANA。

芜菁

菘

那么据明代《本草纲目》中李时珍的观点，菘是当今称为白菜的蔬菜，它分为两种：一种茎圆而厚，颜色稍微发青；另一种茎平而薄，颜色发白。上述两种的叶子都是淡青色的。想来前者就是大芥，后者就是我们所说的白菜，它经过品种改良后就成了今天的圆白菜。

孟宗竹

孟宗竹原产中国，《八闽通志》中称之为江南竹，在我国是经过琉球传到萨摩，再从萨摩传到江户的。津村正恭的《谭海》记载了安永九年（1780）萨摩侯的品川别墅中，用从琉球运来的土筑好堤坝，

① 原文为："山方に蒔ける阿袁那（アオナ）も、吉備人と、共にし摘めば、楽しくも有るか。"

孟宗竹

移植了孟宗竹。太田南畝的《奴风筝》(文化十五年[1818]序，时年七十)中记载说，自己年轻时，孟宗竹非常少，最早从萨摩移植种在了吹上御园中，后来分根给四谷的田安园，然后便扩散到了各地。大概是由于萨摩侯运来献给幕府的，所以就种在了吹上御园吧。《谭海》是从安永四年左右起笔，持续写了二十年，所以，上述引用的移植的时间为安永九年应该是可信的。

虽说京都现在是孟宗竹笋的有名产地，可是正如上面所述，当年在移植孟宗竹方面，江户是领先于京都的。孟宗竹在移植到江户后过了十几年，橘南溪从京都去萨摩游玩，惊讶于孟宗竹笋的美味，在其著作《西游记》(1795年)中有相关记述。大意是："此竹冬季生笋，味道甚美，隆冬季节亦生出鲜笋，似盘口一般大小。京都虽在早春之时亦有手指粗细的鲜笋生长，用于烹饪，亦颇珍贵，然味道欠佳。若将此笋呈送京都，必将贵为珍馐。但纵然费心包装，恐其鲜味也仅能保持到长崎。”

很遗憾，此竹移植到京都的年代不详。安政年间从江户来到大阪执行公务的久须祐隽的手记《浪华之风》(1856年起笔)中记录了大阪的风俗，据记载，孟宗竹笋特别多，比江户生长的时间早，而且多。正月的时候就差不多有江户的三月前后的大小了，因为多，所以价格也比江户便宜。可见此竹一旦被移植，京都、大阪地区比江户的水土更适合其生长，因而多产优质品。现在，孟宗竹已经在全国范围内繁殖，即便像仙台那样寒冷的地方，也可以吃到相当好的竹笋。当想到与孟宗相比其他地方的竹笋有多么难吃时，我就更加感叹孟宗竹的进口对于我们这些喜好蔬菜的人来说是多大的恩惠呀。

（1953年1月7日至16日《朝日新闻》西部版）

子规与郭公

大约三年前，山口大学教育学部的山本武夫教授问我，《万叶集》中记载说霍公鸟（子规）自立夏始啼鸣为常，这是否基于中国的古典？我回答说我未曾听说过。而更让我感到不可思议的是，杜鹃鸟（ホトトギス）借用的汉字是“霍公鸟”。大概是因为霍公与郭公同音，郭公是布谷鸟，是与杜鹃鸟同类异种的缘故吧。后来空闲的时候，我翻阅了《万叶集品物解》，该书除了使用了“保登等艺须”的借用汉字外，其他都使用了“霍公鸟”。再看《和名类聚抄》中使用的“郭公”的日本名为“保度度木须”。在与唐朝交流如此频繁的时代，为什么会产生这样的误解呢？这让我颇感费解。基于此动机，我开始了对子规与郭公的名物研究。

在《万叶集》中关于子规从立夏开始啼鸣的说法，主要是大伴家持宣扬的。首先第十七卷中有《立夏四月，既经累日，而由（犹）不闻霍公鸟之鸣。因作歌二首》为题的诗歌，其自注中记载“霍公鸟，立夏之日必定来鸣。……因此大伴家持感发于怀，聊裁此歌三月二十九日”。还有第十八卷中题为“四月一日掾久米朝臣广绳馆宴歌四首”中，家持作的“居至天明，今宵畅饮，明朝子规鸣”。此歌的自注中有“二日为立夏的节气，因此饮酒至天明”。也就是说第二天即四月二日是立夏的节气，子规应该会开始鸣叫，今夜畅饮至天明，早晨一起听那第一声啼鸣。还有第十九卷中有家持作的题为“二十四日立夏四月节。因此二十三日暮，忽思霍公鸟之宣晓声，作歌二首”的作品，其主旨与上述的作品相同。这些作品题目所记载的立夏的月和日都不相同。第十七卷的作品中是三月二十九日的几天前是立夏，第十八卷的作品中是四月二日，第十九卷的作品中是三月二十四日。之所以会这样，是因为立春、春分、立夏、夏至等二十四节气是根据观测一年当中太阳的位置而制定的，是以太阳历为准的。而我国当时使用的是太阴历，所对应的二十四节气每年都会产生变化。立夏在阳历中定在5月6日或7日，误差很小，而阴历相当于三月下旬到四月初之间，每年的差异很大。

据说在中国，子规一般是在三月(阴历)，即暮春开始啼鸣。《楚辞·离骚》篇中，东汉王逸的注解说：“常以春分鸣。”春分是阳历的3月21日或22日，相当于阴历的二月中旬，比立夏要早一个半月。可是也有观点说子规是立夏开始啼鸣的，《汉书·扬雄传》中记录的他的作品《反离骚》的韵文，唐代的颜师古的注解是：“子规一名杜鹃，常以立夏鸣，鸣则众芳皆歇。”大伴家持大概就是根据此说，或者是与之相同系统的学说吧。由此看来，依据仍然是出自中国的典故。

那么，如此了解中国的中国通，为什么不使用子规、杜鹃等中国通用的汉字名，而误用为郭公，更甚的是用霍公鸟这种中国文献中完全没有的文字呢？我个人对《万叶集》虽缺乏研究，但以我个人的妄自猜测，会不会是因为《万叶集》的编者擅自统一了用字的结果呢？有个国学家曾经说过，使用"霍公"是皇室的语言，使用"郭公"是老百姓的语言，这虽然是不值一提的愚蠢之谈，但是《万叶集》的编者或许也是觉得"霍"字从字面上显得高雅吧。

那么在中国子规有着怎样的名称呢？其最古老的名称出现在汉代的《尔雅》和《说文解字》中的"巂"，这个字的读音是"kei"或"ki"，与"规"同音，所以就被称作"子规"了。这个名称本来是模仿鸟的叫声而得来的象声词。据说在我国子规的叫声是"keikkeikkeikkei"或"kukkukkukku"。以前的中国人可能也是听成了"keikeikeikei"或"kikikiki"吧。本来我们从小被教的子规的叫声是"te · pen · kake · taka"，这样想着听起来也就像这个声音。在中国一说它的叫声是"不如归去"，所以也起名为"思归乐鸟"，而原始的声音听着应是"keikeikeikei"或"kikikiki"吧。从其叫声出发，故取名为规，为了容易发音前面又加了一个"子"字。另外某地的方言中把"规"字的发音"kei"或"ki"发音为"ken"，所以又称为"子鹃"。这个名称在晋代常璩编写的《华阳国志 · 蜀志》中可以看到，也许是蜀（四川省）的方言吧。子规又名"杜鹃"，这个名称似乎与古代蜀王杜宇的传说有关系。据《华阳国志》记载，战国时期杜宇称帝，号望帝，君临于蜀国。有一年遇上水灾，蜀国宰相开明因为治理水灾有方，杜宇就让位给他，自己归隐西山了。时值二月"子鹃鸟"啼鸣，所以

子规

蜀地之人听到子鹃鸟的啼叫声会感到悲伤。还有著者不详的《禽经》中记载有“江介曰子规，蜀右曰杜宇”。大概是因为蜀帝的这个传说，子规也被称为“杜宇”。杜宇的“杜”与子鹃的“鹃”结合起来产生了“杜鹃”的名称。

子规原本主要繁殖于蜀（四川省），晋代郭璞的《尔雅》的注解中有“蜀中出”，从上面杜宇的传说也可以窥见其与蜀地的关系甚深。现今这种鸟夏季在日本、中国大陆等地区繁殖，到了冬天飞到中国台湾、南印度支那、印度、南洋等地，有少数在日本的四国和九州等温暖的地方过冬。这样看来蜀地的杜鹃似乎是从印度地区飞来的。如前述《禽经》中“江介曰子规”，在江介，即长江流域（湖北、安徽、江苏）也有栖息，而北方的黄河流域没有栖息。北宋末期，邵伯温的《闻见前录》的第十九卷中记载，作者的父亲邵康节在治平年间（1064~1066）于洛阳的天津桥上听到杜鹃的叫声后叹息道，本来洛阳是没有杜鹃的，现今南方的鸟来到了这里，这是一个预兆。他预言两年之内天子将会用南方之士为相，并重用众多南方人，改变政策，天下从此进入多事之时。果然到了熙宁年间，王安石采用新法，轰动天下，总之这里明确说明了在那之前北方是没有杜鹃的。

与子规相反，郭公在北方也有栖息，据称古代《诗经》的曹风中的“鸤鸠”就是这种鸟，曹国就是今天山东省西部的曹州。汉代扬雄的《方言》中记录的这种鸟的分布地域中，西北就是从现今的陕西省到中部的河南、山西两省，再到东部的安徽、江苏两省。随着时间、地域的不同，有各种不同的称谓，也使用着不同的汉字，但是总之都是与这种鸟的叫声有关。其中最古老的词语见于《尔雅》中出现的“鴶鵴”，汉代的《诗经毛传》《说文解字》中也可以看到这个词语。据三国时期陆玑的《毛诗草木疏》记载，这个词语在当时的“梁宋之间”（今河南省东北部及江苏省西北部）使用。然后是汉代扬雄的《方言》和三国陆玑的《诗草木疏》中出现的“布谷”一词也比较古老，这个名称使用得最为广泛。其余的都可以看作是这两个名称的变化，主要分类列举如下：

鴶鵴（Ki-Ku）　击谷（Ki-Ku）　穫谷（Kuo-Ku）　郭公（Kuo-Kung）
布谷（Pu-ku）　步姑（Pu-ku）　搏谷（Po-Ku）　拨谷（Po-Ku）
勃谷（Po-Ku）　保姑（Po-Ku）

也就是叫声中的字音是听成K还是听成P的区别，日语中的“Ka-kko”与英语中的“Cuckoo”都属于前者。其中在我国使用的“郭公”的名称，直到唐代的文献中还能找到，即唐开元年间，陈藏器编写的《本草拾遗》中有“布谷江东呼为郭公，北人名拨谷”。晋代郭璞注解的《尔雅》曾有“江东呼为获谷”之说。因此，“郭公”“获谷”是相同的词语，同属“江东”即当今江苏省的南部，也就是吴的方言。当时江东也应该有“子规”一词的，为什么奈良朝的人会误把子规传为郭公呢？实在是不可思议。

有关这个问题暂且不表，这些鸟的名称中都使用了“谷”字，是有其含义的。那是因为这种鸟开始鸣叫的时候，刚好是开始农忙的季节。《禽经》中有明确的注解：“农事方起，此鸟飞鸣于桑间，云五谷可布种也，故曰布谷。”子规也有与这个意义相同的名字，《汉书·扬雄传》中所载《反离骚》的颜师古的注中，关于子规的别名有“买诡”一词。此处的“诡”字是铁锹之类的农具。据说这也是因为子规开始鸣叫之际，便是农事兴起之时，子规的叫声与“买诡”之音相近而得名的。但是似乎最受农民欢迎的还是布谷，别名有“击穀”“获谷”“搏谷”“拨谷”“勃谷”，大都带有谷字。据小野兰山的《本草纲目启蒙》记载，郭公在我国也有多种名称，在香川叫作麦熟(ムギウラシ)，在鸟取西部一带叫作种粟鸟(アワマキドリ)，在山梨叫作种豆鸟(マメウエドリ)，在关东一带称作点豆鸟(マメマキドリ)，并有“农夫闻此鸟鸣，为豇豆、栗子等下种之候”的记述。这和中国是相同的趣致。另外，布谷鸟的叫声在我国听起来只有“Kakko、kakko”这一种叫法，而在中国自古就被听成很多种声音，并且大抵都是与农民的生活相关的声音。我把看到过的相关资料罗列一下，大概有宋代陈造的《布谷吟》的诗序、明代《戒庵漫笔》第六卷、《本草纲目》第四十九卷、清代的《蝶阶外史》第三卷等，其中记录了好几种叫法，总结如下：

布谷布谷(《戒庵漫笔》)

郭公郭婆(《戒庵漫笔》《蝶阶外史》)

阿公阿婆(《本草纲目》)

郭嫂打婆一百八个(《布谷吟》)

脱了泼裤(《布谷吟》)

脱却破裤(《本草纲目》)

脱却布裤(《蝶阶外史》)

割麦插禾(《本草纲目》《蝶阶外史》)

看蚕看火(《戒庵漫笔》《蝶阶外史》)

光棍夺锄(《蝶阶外史》)

刚刚夺黍(《蝶阶外史》)

大概解释一下其中的意思，“阿公阿婆”是公公和婆婆。“郭”是姓氏。“郭嫂打婆”是指媳妇打婆婆的意思，打了多少，回答“一百零八个”，反映了农村家庭中的纷争。“脱却破裤”是脱下破裤，穿上新裤子到田里去干活的意思吧。“泼裤”是指没有用的裤子的意思吧。泼是骂人的话。“割麦插禾”意思是割了麦子，种上禾苗。“看蚕看火”是当心蚕，当心火。据《齐民要术》第五卷记载，养蚕时要在房间的四个角放上火以调节温度，“看火”就是这个意思。“光棍夺锄”是无赖偷锄头的意思。“刚刚夺黍”意思是刚才偷了黍米。就是比喻鸟向人告密的吧。总之作为催耕之鸟，郭公在农村很受欢迎，这一点是子规无法比拟的。

在我国，小野兰山的《本草纲目启蒙》中有“郭公鸟俗误称为闲古鸟。此鸟非深山不居。故俗语的谚语中用‘闲古鸟鸣’形容悠闲”。贝原益轩的《大和本草》中有“鸤鸠、布谷、郭公，此三者为一物也。……此鸟日本无之欤。未详。鸠类”。兰山是京都人，晚年迁居于江户。贝原益轩是福冈人，久居京都。此二位学者似乎都不了解仙台。仙台有很多布谷鸟，到了五月就从深山中飞出来，整日停在市井人家的庭院树上啼鸣。我在仙台居住的十二年中，每年到了初夏都从这种鸟的叫声中得到些许安慰，那是一段非常美好的回忆。布谷鸟的叫声非常和畅，与子规急促的叫声韵味不同。它们在动物学上被视为同类，形、色也相似，布谷鸟稍大一些，有鸽子那么大。并且这类鸟有一个共同的习性，那就是自己不筑巢，把卵放在其他的鸟（如黄莺等）的巢内，并让其孵养。有关郭公的这个习性早在《诗经》中就有记录。《召南·鹊巢》篇中有“维鹊有巢，维鸠居之”，“鸠”指的是鸤鸠，即郭公，说明了其占据鹊巢的情况。郭公之中也有自己抚养后代的种类，在《诗经》的《曹风·鸤鸠》篇中有“鸤鸠在桑，其子七兮”的记载。关于子规的此类习性也早就为人所知，晋代张华的《博物志》中记载说：“杜鹃生子寄之他巢，百鸟为之饲（引于《渊鉴类函》，无通行本）。”

最后，我们还是回到日本的相关问题上来。如果《万叶集》中的霍公鸟是子规，而不是郭公（Kakko）鸟的话，那么郭公（Kakko）是相当于《万叶集》中的什么鸟呢？那美丽和畅的声音，万叶歌者们不可能不为之动容。关于这个问题，伴信友的《比古婆衣》（第五卷）“唤子鸟”一条的自注中叙述到“东常缘之《古今集传授箱内切纸》云，呼子鸟即鸣叫之声为 Kappo、Kappo 之鸟，与冈部翁（据推测是加茂真渊）的《万叶集考》中呼子鸟即 Kappo 鸟，亦称为 Kanko 鸟之说相同”。另外，鹿持雅澄的《万叶集品物解》中也提到了相同的论点：“呼子鸟为乡下人所言 Kakko 鸟，其形状、毛色等均与霍公鸟相同。”但是两人都不赞成这一观点，雅澄否定真渊的观点，认为“冈部氏所说 Kappo 鸟，其论点不可信”，但是他并没有提出自己的观点。信友提出了新的观点，并且颇做了一番论辩，他认为呼子鸟即子规的名称的一种。现将其大意总结如下：“关于呼子鸟，自古有各种各样的说法，但是没有定论。然而《万叶集》中有关呼子鸟的短歌，听起来都与子规有着相同的韵味，可能是古代大和所说的子规的别名吧。后来到了平安朝时期，搞不清楚其真相，仅仅是模仿古代的诗歌创作，所以出现了各种各样的说法。关于字的古书《字镜集》中注有‘鹃，杜鹃也。三月鸣。呼子鸟’。因为杜鹃即子规，因此推定呼子鸟即子规的别名。”于是信友就从《万叶集》中挑选了很多关于霍公鸟和呼子鸟的作品进行了比较论证。如果呼子鸟也是子规的话，那么《万叶集》中的子规家族就更加兴盛，相反郭公则是难觅其踪影了。

但是，万叶歌者会对郭公那美妙的声音无动于衷，是我无论如何也无法理解的。所以我借着对伴信友的学说略作更正，尝试着做一个大的转换。首先，我们认同信友的观点，权当《万叶集》中的呼子鸟就是杜鹃，即子规。然后，假定《万叶集》中所记载的霍公鸟或“保登等艺须（音译字）”等鸟类就是郭公或布谷，即 Kakko 鸟。我听说，动植物中有的东西自古至今因其名与物相异，而变得繁杂异常。例如蝈蝈和蟋蟀，其古今的名称刚好相反，即古诗中所说的蝈蝈是现今的蟋蟀，古代所说的蟋蟀是现今的蝈蝈。《古事记》中神武天皇所作的诗句“于垣本植 Hajikami”中的 Hajikami 指的是花椒，将生姜称为 Hajikami 是后来的事情，山上忆良所说的七草中的“朝貌之花”，也有观点认为指的是桔梗。因为有了这些例子，《万叶集》中的“保登等艺须”并不是现今所说的子规，而是郭公，集中使用了霍公鸟的假借字，这样的主张也许并不应该被视为是痴人说梦而一笑了之吧。

（1954年3月《山口大学文学会志》）

葵藿考

那是战争期间发生的事情。有一天我们十几个人借用先师狩野君山先生位于洛南向日町的别墅葵园，举行了丽泽社文酒会。因时节的话题谈论到了蔬菜的问题，居山先生提了一个问题："以前供食用的葵究竟是什么东西呢？"铃木豹轩先生回答道："可能是山榆菜吧。用它的叶子做的酱菜相当好吃。""但是经常吃的话恐怕是有问题的吧。"君山先生摇着头说。然后豹轩先生又问道："据说藿是豆的叶子，是什么豆的叶子呢？"我回答："近来听说人们吃蚕豆的叶子，难道不是那个东西吗？""若是蚕豆叶子的话是可以吃的。"先生表示赞同。这样的闲聊转眼已成往昔。我立志研究名物学，虽步履蹒跚，作为其中的一步，在此我想尝试回答这个问题。

据说葵有向阳的习性，可是我们平常看到的蜀葵、黄蜀葵、锦葵却都没有这个习性。而名为向日葵的花却具有这一习性，因而得此佳名。清初的《秘传花镜》中有“向日葵，一名西番葵。高一二丈，叶大于蜀葵，尖狭多刻缺。六月开花，每秆顶上只一花，黄瓣大心，其形如盘。随太阳回转，如日东升则花朝东，日中天则花直朝上，日西沉则花朝西”，煞有介事地做了一番说明，而这却是一个弥天大谎。牧野富太郎先生的《植物随笔集》中收录的题为“向日葵不随日转”一文中，详细说明了《秘传花镜》所载的叙述毫无根据。并且这种花不是葵类，明末的《群芳谱》中有“丈菊，一名迎阳花。此花向阳，俗间遂通呼向日葵”。清末的《植物名实图考》中断定“向日葵乃一丈菊之俗名，非葵类”，很早以前就认定了它是菊科的植物。而且正如它被命名为西番葵的名称所示，是从西洋传来的舶来物种，即美国的原产，并不是中国固有的植物。这个花向西向东我并不关心，我所关心的是，它助长了有关葵的向日性主要是在花上这一误解。

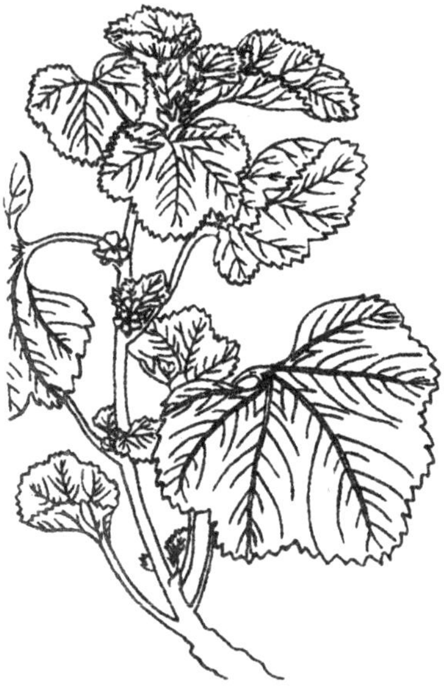

冬葵

本来，葵的向日性的说法并不是说它的花，而是它的叶子。《春秋左氏传》成公十七年中有：“秋七月壬寅，刖鲍牵……仲尼曰，鲍庄子之知不如葵，葵犹能卫其足。”杜预的注解是：“葵倾叶向日，以蔽其根。”“卫其足”讲的就是向阳性的问题。原文批评鲍牵因为口舌是非遭到被斩足之难，称其智慧还不如葵。葵叶“卫足”是拟人法的比喻，实际上是叶子因为自身需要日光而倾斜，导致了遮蔽根部的结果，并没有保护根部的需要。可是这里“卫足”的形容有助于了解当时的葵的状态。想来古代的葵并不是用来观赏花的，而是把叶苗当作蔬菜食用的，正如现今油菜苗供食用的情况一样。也就是长出苔开花之前的葵是古代人的生活所需要的。只有葵还没有长高才适合“卫足”，也才能使用“以叶蔽根”的表达，如果是已经长高而且开了花的蜀葵，其叶向日就不可能蔽根了。

“卫足”是一种自我保护的消极的想法，相反还有另一种积极的、表达了追随太阳之诚心的看法。《淮南子·说林训》中有“圣人之于道，犹葵之与日也。虽不能与终始哉，其向之诚也”，就是表达了这个意思。魏国曹植的《求通亲亲表》中以此为典故，“若葵藿之倾叶，太阳虽不为之回光，然终向之者诚也”，以此比喻诚实的意思。这里出现了“葵藿”，藿没有向阳性，只是作为修辞把两个同类的东西并称了而已。可是后来的文人却依据此把藿也当作有向阳性的植物用于诗文中。例如，晋朝潘岳的《闲居赋》中有“蘘荷依阴，时藿向阳。绿葵含露，白薤负霜”。梁朝沈约的《修竹弹甘焦文》中有“非有松柏后凋之心，盖阙葵藿倾阳之诚”。唐太宗的《赋得白日半山诗》中有“藿叶随光转，葵心逐照倾”。这些虽然都是因文人仿古风气造成的，但也与二者在古代蔬菜中被作为类似的东西而并称不无关系。现在考据古代的蔬菜种类时，最具有代表性的有“五菜”，即《灵枢》的五味篇中有的“五菜，葵甘，韭酸，藿咸，薤苦，葱辛”。葵、藿以外的其他三种都是属于同类的所谓的荤辛，相对应的葵和藿则代表没有臭味和辛辣味的蔬菜。这是它们之所以会被并称的原因。

那么，供与蔬食的葵和藿究竟是什么样的东西呢？首先葵与赏花的蜀葵和黄蜀葵都是不同种类的东西。近代所说的冬葵是其残留下来的痕迹。关于这个问题，我国小野兰山的《本草纲目启蒙》(1802年序)中的记述可谓尽述其要旨：

> 凡单称葵者皆冬葵也。古为食用，属五菜之一。故《通雅》云，古文有例，称菜为葵。此草在京师自然不生，多生于诸州江海之滨。近年城州山城多有栽培，收获其籽售于四方，此即冬葵子是也。一旦种植，即可永久繁衍。叶似锦葵，三四寸大小，圆而有五凸，无尖，呈细锯齿状。青茎直立，高三五尺，亦有为紫茎者。叶互生。春月，叶间开花，大小三四分许，花为五瓣多成簇。色白微带淡黄紫色。状似钱葵，而花更小。花后结子。亦似钱葵花子而更小。自春至冬花，开花谢相续，寒冬亦有花。采摘冬葵之叶，焙后研磨成粉食用，可替代干苔。有一种呈细锯齿状者尤佳。故称其为“岗锯”。

由上文可以看出，在我国是为了把它的籽，即冬葵籽用作药品而栽培的，不是供食用的。不仅仅是我国，中国也早已不做食用了。明万历年间李时珍的《本草纲目》中有“葵菜古人种为常食，今之种者颇鲜”。因此在中国近代，除了本草专家以外，知之者甚少。清代嘉庆年间，如阮元这样的博学之人，著写《葵考》(《揅经室集》第三集第五卷)以求阐明，却未得正鹄。阮氏断定古人供食用的是现今的“金钱紫花之葵”，即锦葵，又名钱葵。并且叙述了相关的体验：“予尝锄地半亩，种金钱紫花之葵，剪其叶，油烹食之，滑而肥，味甚美。”锦葵是三国时期陆玑的《毛诗草木疏》中所说的荆葵，“可食，微苦”，虽自古就有食用，但是作为日常食物的还是我国小野兰山所说的冬葵。关于此事，比兰山的著作晚了约五十年的清代吴其濬的《植物名实图考》（1848年序）中也采用了相同的观点，举出冬葵在现在的江西、湖南地区仍然供食用的事实，并且记述作者在湖南时，让园丁种植冬葵，终年供食，并且把种子寄给身在北方的故旧让他们试种。作者还说在湖南称冬葵为“葵菜”或“冬寒菜”，江西称为“蕲菜”。葵与蕲是同一发音的转音。冬葵图在《植物名实图考》中有登载，在我国饭沼欲斋的《草木图说》（1852年自序）中也有登载，二者是相同的。我至今没有机会亲眼看到冬葵的实物，钱葵在山口一带种植普遍，比蜀葵的花小很多的就是钱葵，比钱葵的花还要小的就是冬葵了。据《齐民要术》记载，葵在一年中可以种三茬儿，夏末种秋天收的是秋葵，秋种冬收的是冬葵，正月种的是春葵。那么考虑只有其中的冬葵传到后世的缘由，似乎是因为它的籽适合药用。梁朝陶弘景所言“以秋种葵，覆养经冬至春作子，谓之冬葵。多入药用，至滑利，能下石淋。春葵子亦滑利不堪。余药用根，故是常葵”（引自《大观本草》）。既然废除食用仅用于药用，功效多的冬葵传下来也就是理所当然的，正所谓适者生存。

下面我们来谈谈藿是什么豆的叶子的问题。《仪礼·公食大夫礼》篇中有“铏芼牛藿”之说，东汉郑玄的注解是“藿，豆叶也”。他借鉴《诗经·小雅·采菽》篇的“采菽采菽，筐之筥之”之句，解释为“菽，大豆也。采之者采其叶以为藿。三牲牛羊豕，芼以藿”。把这两个注解合起来可以看出，郑玄认为大豆的叶就是藿。还有《说文解字》中有“藿，菽之少也”。“少”是幼小的意思，指嫩豆叶。当然供食用的叶子必须是嫩的。《诗经·小雅·白驹》篇中的“皎皎白驹，食我场藿”之说，《毛传》中有“藿犹苗也”的解释。豆的嫩苗应该是最适合食用的。时代晚了很多年之后，明代周宪王的《救荒本草》中记录了把黄豆的嫩苗焯好后，用油和盐调味，非常甘美。可是供食用的不仅仅是大豆的叶子，也使用小豆的叶子。东汉末，张仲景的医书《金匮要略方论》中列举的食物相克中有“鲤鱼鲊不可合小豆藿食之。……害人”。三国时期陆玑的《毛诗草木疏》中记载有“薇，山菜也。茎叶皆似小豆，蔓生，其味亦如小豆藿，可作羹，亦可生食”。还有“苕，苕饶也。……可生食，如小豆藿也”，间接地说明了小豆的叶子可供食用。并且文章中所说小豆的叶子可以生食，这个也比较有趣。如前面所述，特意区分使用了“小豆藿”，那么如果单独使用“藿”，应该就是大豆叶，《诗经》郑玄的注解足以可信。虽然相像，但藿不用于食用比葵还早，可是在蔬菜比较匮乏的地方，食用的风俗一直沿袭到近年。清嘉庆年间，程瑶田的《九谷考》的自注中记录了从山西人那里听说的有关风俗的现状。在山西，“秋间采豆叶，以为御冬之菜。盖任人采之，其主不与闻也。以小豆叶为佳，小者先采，大豆叶者社后乃许采。官有早采之禁，恐早采伤豆也”。采下的豆叶不知道是晒干了储存，还是腌起来储存，实在是挺凄凉的。与此不同，阮元好奇地品尝了豆叶后的感慨是：“余尝种豆，采其叶苗食之，味亦美。葵叶之味正似藿。盖可知古人葵藿并举之义。”（《葵考》）

古代葵和藿用于食用的情况是，两者多用于“羹”。但是，其用法有差异。即藿主要用于“芼”，即汤里的菜；而葵除了用作汤里的菜，还有使汤滑的功效，与现今的淀粉的作用相同。例如《仪礼·公食大夫礼》中有“铏芼牛藿。羊苦。豕薇。皆有滑”。还有《士虞礼》中有“铏芼用苦，若薇有滑。夏用葵，冬用荁”，说明了藿用于芼(汤里的菜)，葵用于勾芡。葵的叶子黏液多，也称为“滑菜”。

我顺便查了一下除了葵之外，还有哪些植物用于“滑”。《礼记·内则》中有“堇荁枌榆免薧，滫瀡以滑之”之说，由此可知这四种植物也可以用于“滑”。“堇”又称旱芹，是芹菜类的。“荁”和堇同类，据说晾干后会出黏液。据注解，“榆”是春榆，白色的榆为“枌”。可是根据本草之书，榆树荚和叶子在嫩的时候可做成羹吃，用于滑的可能是这个部分。而它的白皮，即真皮也非常滑，据说可以磨成粉食用,那么当时也可能使用了这种粉。而且注解中解释原文中的“免”是生的东西，“薧”是干的东西，“滫”是搅拌的意思，“瀡”是顺滑。也就是说，把这些植物生的或者干的东西揉出黏液后用于羹的滑。下面都是闲话了，举个例子了解一下葵和榆有多么“滑”。唐代颜真卿主办的《滑语联句》(《全唐诗》)，即“打滑的东西”的游戏联句中，颜真卿写了“雨里下山踏榆皮”。诗的意思是，榆树的干皮有扁平的裂口，会剥落成鳞状，落在雨中的山路上，不小心踩上滑倒了。刘白全写有“芜荑酱醋吃煮葵”的诗句。芜荑是榆的一种，也称山榆，把它的荚揉碎后取出中间的仁儿做成酱，就是“芜荑酱”，据说味道辛辣。这句诗的意思是，用醋稀释芜荑酱做成芥醋酱，和煮好的葵拌在一起吃，滑溜溜的。现在的中国菜也有很多用绿豆的淀粉勾芡的，这种风俗是自古就有的传统，使用葵等植物使食物滑是其最原始的方法。另外还有把“糁”，即谷物的粉和成羹使其滑溜的方法，《礼记·内则》中有“犬羹兔羹，和糁不蓼”之句。《荀子·宥座》中有“孔子南适楚，厄于陈蔡之间，七日不火食，藜羹不糁”，说的都是如何使用“糁”来作“滑”。这种方法更加接近后世的方法。前面所说的榆，或许也是把它的白皮磨成粉，做成了“糁”来使用的吧。

另外，似乎葵很多时候也用来做“菹”，即酱菜来使用，这在《仪礼》中屡屡可以看到。例如《士冠礼》中有“再醮。两豆葵菹蠃醢，两笾栗脯”。“再醮”即第二次斟酒时上的菜肴，两“豆”(高座盘)中，一个盛着葵的酱菜，一个盛着咸蜗牛。还有两个“笾”(筐子)中，一个放着干栗子，一个放着干肉。葵菹在《齐民要术》(第九卷)中引用了《食经》中的方法，干燥的葵五斛配上盐二斗、水五斗、大麦的干饭四升，摆一层葵，在上面摆一层盐和干饭，如此重叠，上面用清水封好，放七天颜色发黄就好了。另外还引用了《诗义疏》的方法，大体相同。周汉时代的腌制方法可能也与此类似吧。《周礼·天官》“醢人”条中列举了“七菹”，即七种酱菜的名称。七菹指的是：韭、菁、茆、葵、芹、箈、笋。菁是蔓菁，或称为芜菁。茆是荇菜，是和蓴菜相似的水草。芹是水芹。箈是箭萌，是矢竹的笋。上面的七种当中，在园子种的蔬菜有韭、菁、葵三种，其他都是野生的。这三种园蔬在《诗经·豳风七月》篇中有“七月亨葵及菽”“献羔祭韭”的诗句，另在《邶风·谷风》篇有“采葑采韭”的诗句，其中，“葑”注解为蔓菁。它的食用很早就有了，是古代具有代表性的蔬菜。其中特别是葵非常受重视。《管子·轻重甲》篇中记载，齐桓公担忧依靠种植蔬菜生活的北郭农民贫穷，问管仲有没有什么救济的对策。管仲回答说，禁止谷物收成多的人家经营菜园，禁止离市三百步的近距离的人家种植葵菜，这样的话，北郭的人民自然会通过菜价得到相应的回报而振兴起来。另外还有汉代董仲舒的《贤良对策》，以及《史记·循吏传》中有这样的记载，鲁国穆公的时代，博士公仪休当上宰相后，吃到官舍的膳食中的葵，觉得非常美味。但是他认为官舍种这样的东西会剥夺农民的利益，因此下令把园子里种的葵都拔掉了。通过这两则逸闻，足以见葵在当时是多么受到重视。

最后我们追溯一下葵、藿衰亡的足迹吧。首先，西汉末年的元帝时期，史游所著的《急就篇》中列举的蔬菜一览中有“葵韭葱薤蓼苏姜。……芸蒜荠芥茱萸香，老菁蘘荷冬日藏”。这篇文章是为了教孩子们识字而编写的，所以应该说这些都是当时最为普通的蔬菜。葵、韭、芜菁三品当然是包括在内的，但是遗漏了藿。也许是由于味道不佳，所以供食用的情况逐渐减少了吧。葱、薤、蓼、姜、芥、茱萸在《礼记·内则》篇中已出现，荠菜在《诗经·邶风·谷风》篇中出现，紫苏在《尔雅》中有相关记载，蘘荷相当于《楚辞·大招篇》中的苴莼（汉代王逸的注解）。其他的芸和蒜在先秦的书中没有看到，可能是当时刚从国外进口的缘故吧，芸在颜师古的注解中有“芸即今芸蒿也”，王应麟的补注为“叶似邪蒿”。《本草》的菜部中有“邪蒿”，没有“芸蒿”。“蒿”可能是“薹”的笔误。如果是“芸薹”就是油菜，早在北魏的《齐民要术》中就有其种植的方法，《大观本草》的冬葵子一条中引用梁朝陶弘景的论点中也有“生菜中又有胡荽、芸薹、白苣、邪蒿，并不可多食”，芸薹与邪蒿是并举的。据《本草纲目》李时珍的观点，此菜适合寒冷的地方，种子来源于胡地，后汉服虔的《通俗文》中称为“胡菜”。另外，蒜分为大小两种，小的是中国固有的，大的是从西域传来的，称为“胡蒜”或“葫蒜”。可能是汉武帝时方便了与西域的交通，大蒜也随之传入中国并被广泛食用，想必芸也是通过这个机会传来的吧。

到了南北朝时期，北魏贾思勰的《齐民要术》(第三卷)主要介绍了蔬菜的种植方法。在此将其中主要的项目列举如下：

○葵　○蔓菁(附菘、芦菔)　○蒜　○薤　○葱　○韭

○蜀芥　芸薹　芥子　○胡荽　○兰香　○荏　蓼　○姜

○蘘荷　芹藘　○苜蓿

葵被列举在第一位，是因为在当时使作为蔬菜占有重要地位的缘故吧。然后是蔓菁，说明它也很受重视，附录了菘和芦菔，是因为这两种是新兴的蔬菜，还没有蔓菁那么普及吧。芦菔也称为莱菔，后来多写为萝卜，是拉丁语 Rhaphanus 的同源词语的音译，明显是从西域传来的品种。菘早在东汉末期张仲景的《伤寒论》中就看到了它的名字。《政和本草》的“菘”条中所引用的《本草衍义》说“张仲景《伤寒论》，凡用甘草皆禁菘菜者，是此菘菜也”(我查阅了《伤寒论》，可是没有找到原文作者)。在那之前没有确认到菘菜的存在，可能也是汉武帝以后的时代，从西域传来的吧。此种蔬菜自南北朝以来非常盛行，作为青菜的功用，比蔓菁和葵还要好，终压倒了葵，直至其消亡，这可能就是菘的力量吧。那么菘究竟是什么样的蔬菜呢？《本草纲目》中李时珍记载“菘即今人呼为白菜者，有二种，一种茎圆厚，微青。一种茎扁薄，而白。其叶皆淡青白色”。现今的结球白菜应当

是把后者进一步改良，成了叶子也发白的品种。总之，菘在北魏似乎并没有得到重视，而在南朝时期的齐梁之间才得到了重视。《齐书·颙传》记载说，颙清贫寡欲，隐居于钟山，每天只吃蔬菜，王俭问他："卿山中何所食？"他回答："赤米、白盐、绿葵、紫蓼。"文惠太子问："菜食何味最胜？"颙答道："春初早韭，秋末晚菘。"即菘、葵与韭并列成为菜食中的美味。梁朝的陶弘景说"菜中有菘，最为常食"（引自《大观本草》），可以了解其盛行的情况。菘当时一定是葵的强敌。

顺便说一下，上述所列的蔬菜项目中的胡荽、兰香、苜蓿也是西域传来的品种。《齐民要术》的注解中引用的《博物志》中有"张骞使西域得大蒜、胡荽"。在我国江户时代荷兰人带来的 Coentro 就是胡荽，幕府末期的人写的《红毛谈》中有如下说明："Coentro，汉名胡荽，日本名 Konnishi。甚有恶臭，蕃人常为食料。鱼兽之味，此物消之。"现今在北京仍作为料理的香料使用。兰香，据《齐民要术》的注解，原名罗勒，是从西方昆仑山地区传来的香菜，后赵国为了避讳明帝石勒的名字，改名为兰香。苜蓿是汉武帝时从西域的大宛国与良马一起，作为良马的饲料进贡来的，日本名为 Umagoyashi(《大陆杂志》第五卷第九期，于景让的《汗血马与苜蓿》中有详细的考证）。

到了唐代，据说是僧人从西域颇陵国带来了菠菜的种子，还有人说是唐太宗时期，从尼泊尔国进贡来了菠菜(《本草纲目》)，如我们所熟知的，菠菜的味道和营养都非常好，葵菜就受到了更大的压力。但在唐代，葵仍然在供食用。白乐天的《烹葵》："贫厨何所有，炊稻烹秋葵。红粒香复软，绿英滑且肥。"《夏日作》中的："宿雨林笋嫩，晨露园葵鲜。烹葵炮嫩笋，可以备朝餐。"这些都是佐证。宋代苏东坡的《新酿桂酒》诗中有“烂煮葵羹斟桂醑，风流可惜在蛮村”之句，很明显当时是用作食用的，但是这首诗是苏东坡贬低“蛮村”，即岭南的内容，并不能证明岭南以外的地区是否供食用。现在无暇详细考证了，葵似乎是逐步被减弱的。南宋首都临安(杭州)的昌盛记《梦粱录》第十八卷“菜之品”一条中列举的品种中，青菜有夏菘、芥菜、菠菜、莴苣等，没有葵菜。估计到了这个时期，葵菜的实用性已经基本上失去了。还有莴苣，在唐代陈藏器《本草拾遗》中有记载，很明显在唐代就已经存在了，并且由于是从莴国传来的所以命名为莴菜(《本草纲目》)，这也是在唐代由外国传来的品种。

到了元代，王祯的《农书》中有葵“诚蔬如之要品，民生之资益者也。而今人不复之食，亦无种者”(依据《本草纲目》，未确认原本)，可以明确看出葵的食用功能已经消失了。于是就连当时的硕学许衡在他的《葵花》诗中也有“绛脸有情争向日，锦苞无语细含风”之句，误认为葵花是向日的。这大概是只看到了观赏用的葵，而没有看到叶子供食用的葵的原因吧。清末的《植物名实考》中，记录的湖南、江西仍然有食用的事实，是特殊情况，元明以来已经没有广泛地食用了。

(1954年6月《东方学》)

节物杂话

屠苏考

我曾经探寻过屠苏酒的由来。在唐代韩鄂的《岁华纪丽》中有这样的记载:“俗说屠苏乃草庵之名。昔有人居草庵之中，每岁除夜，遗闾里一药贴，令囊浸井中，至元日取水，置于酒樽，合家饮之，不病瘟疫。今人得其方而不知其人姓名，但曰屠苏而已。”屠苏在东汉服虔的《风俗文》中有“屋平曰屠苏”之说,三国时期魏国张揖的《广雅》中有“庵也”，唐代的《广韵》中解释为“草庵”。也就是说上述的通俗说法从这一传统而来。

然而北周王褒有“飞甍雕翡翠，绣桷画屠苏”(《日出东南隅行》)的诗句，文中的屠苏与鸟名相对应，如果解释为“草庵”与鸟名是不对称的。因此，明代方以智的《通雅》（植物类）中引用《诗话补遗》将之解释为“草也”。《通雅》中还进一步详细说明：“盖阔叶草也。今广西猺人（蛮族）中呼大叶似蒿者为头苏。头、屠音近。”这个论点非常值得借鉴。但是我翻遍了本草的书，也没有找到叫作屠苏的草名。或许这个草名是西域的外来语也未尽可知。王褒所处的北周以长安为都，位于西北，从地理位置上看西域的事物非常容易传进来。这样想来，方以智所说的广西的蛮语“头苏”在地理位置上非常遥远。这个问题我们先姑且不论，我非常赞同把它解释为草的名字。回头看看前面的《岁华纪丽》所记载的俗说，草庵中的人除夕夜发给乡里人的药，极有可能就是以这种西域传来的草为主剂的，所以称为“屠苏”。

我之所以做出如此判断，是因为我找到了一个历史上真实存在的人物，他能够让我相信那个传说是实际存在的。这个人是一个道士，他就是《晋书》艺术传中记载的单道开。概而言之，单道开是敦煌人，后赵石虎时期（石虎是石勒的堂兄弟，东晋成帝的咸和九年篡位，将首都从襄国迁到了邺）从西平来到了邺（西平是今甘肃省东部的西宁县一带，邺是今河南省临漳县一带）。他日行七百里，每天都服用镇守药数丸。这个药有梧桐子一般大小，有松、蜜、姜、桂、茯苓之气。时复饮荼苏一二升。这里的“荼苏”就是屠苏吧。并且他是敦煌（甘肃省西部）人，这个荼苏疑是西域的药草，他极有可能是把这个药草泡在水里饮用。

从上述的通俗传说以及有关单道开的传略来看，屠苏极有可能是指泡了药草的水，但后来不知道从什么时候变成了酒的意思。我所看到的最早的记录见于梁朝宗懔的《荆楚岁时记》中记载："正月一日长幼悉正衣冠，以次拜贺，进椒柏酒，饮桃汤，进屠苏酒。"另外，因为已经有了"椒柏酒"，这里的屠苏指的应该仍然是水，"酒"字说不定是后人加上去的。那么确切可知屠苏是酒的是唐代孙真人的《屠苏饮论》[①]，这是用八种药做成的方子，命名为"八神散"，大黄、蜀椒、桔梗、桂心、防风各半两（五钱），白术、虎杖各一分，乌头半分咬碎，放入红囊，在除夕夜的傍晚吊在井中使其成为泥状，正月一日取出，把红囊浸泡在酒中，放一会儿倒入杯中，祈祷"一人饮之，一家无疾，一家饮之，一里无病"。饮用时年少者在先，年长者在后，向着东方饮之。然后把渣滓挂在中门避疫病，三天后投入井中。后来的人大体沿用了这个体系。明代初期翟佑的《四时宜忌》中记录的配方，用"茱萸"取代了上述配方中的"虎杖"，"蜀椒"变成了"胡椒"。到了明代末期的《本草纲目》，配方则没有"白术""虎杖"，取而代之的是"菝葜""赤小豆"。而且都是把在井中吊过的药剂用酒煮。当然在我国使用的也是这个体系的配方。

这里应该注意的是药品中的"蜀椒"。上面引用的《荆楚岁时记》中，"屠苏酒"之外还有"椒柏酒"，所以，这说明本来"椒"是与屠苏分别使用的。所谓"椒柏酒"就是浸泡了花椒和柏叶的酒，元旦喝"椒柏酒"是自汉代以来的古老风俗（《玉烛宝典》《荆楚岁时记》的注解中都很详细）。所以唐代以后的屠苏，可以解释为是汉代以来的椒酒和六朝时期出现的屠苏水合并而成的。并且屠苏本来是西域的草药，东晋时

① 宋代《岁时广记》第五卷。孙真人就是孙思邈。

期上述的单道开等人把它带入中国。这就是我有关屠苏酒的新看法。

（1954年1月《天地人》）

〔补遗〕记录正月一日喝“椒柏酒”的文献，最早见于崔寔的《四民月令》，他卒于东汉末期灵帝建宁年间（168~171）。由于这本书已经遗失，所以看不到全书了。据清代严可均的《全后汉文》第四十七卷的文字，原文的意思是：“正月之旦，是为正日。躬率妻孥洁祀祖祢。及祀日，进酒降神毕，乃室家尊卑无大无小，以次列坐于先祖之前，子妇曾孙各上椒酒于其家长，称觞举寿，欣欣如也。”注解中说“正月一日进椒酒和柏酒。进酒的顺序是从小到大，年少者先”。这是道教的解释。还有《荆楚岁时记》的旧注中引用晋朝董勋的观点（《董勋问礼俗》的学说，原书已经遗失），“俗有岁首酌椒酒而饮之，以椒性芬香，又堪为药”。这才是具有常识的稳妥的解释。

隋朝杜台卿的《玉烛宝典》详细考证了岁时活动，其中元旦的条目中有“进椒柏酒，饮桃汤，服却鬼丸”，没有饮“屠苏”的相关记载。如果相信这个，那么比它还早的《荆楚岁时记》中的“进椒柏酒，饮桃汤，进屠苏酒……服却鬼丸”中记录的饮“屠苏酒”便值得怀疑。而且这一条的注解中完全没有提到屠苏，这也很奇怪。这一句似乎是唐代以后的人妄自添加的。如此一来，可以解释为饮屠苏酒是从唐代兴起的风俗，并以此取代了六朝以前饮用“椒柏酒”的习俗。

（1958年11月附记）

绿萼梅

中国宋代诗人范成大的《范村梅谱》中，关于绿萼梅有以下的记述：“凡梅花，紨蒂皆绛紫色，惟此纯绿。枝梗亦青，特为清高，好事者比之九疑山仙人萼绿华。京师艮岳有萼绿华堂，其下专植此本。人间亦不多有，为时所贵重。”这里所说的“九疑山”是湖南省南部的有名的山，“萼绿华”是在那座山中得道的晋代的女仙人。“京师”指的是北宋的首都汴梁，即当今的河南开封。“艮岳”是徽宗皇帝在汴梁的艮的方位，即东北角修建的大规模人造山的名称，其遗迹留存至今。

这种珍稀的品种随着时间逐渐传播开来，终于也传到了我国，在我国称为“青轴”。从上面的叙述中可和绿萼梅比较难得，就算在京都北野神社的梅林中也只能看到一两株，我曾经深信这是一种相当珍贵的品种。可是来到山口后，令我吃惊的是，在以梅著称的二间堂居然有很多绿萼梅。与红萼相杂，显得益发清高，令人神清气爽，尤为可喜的是花香醉人。

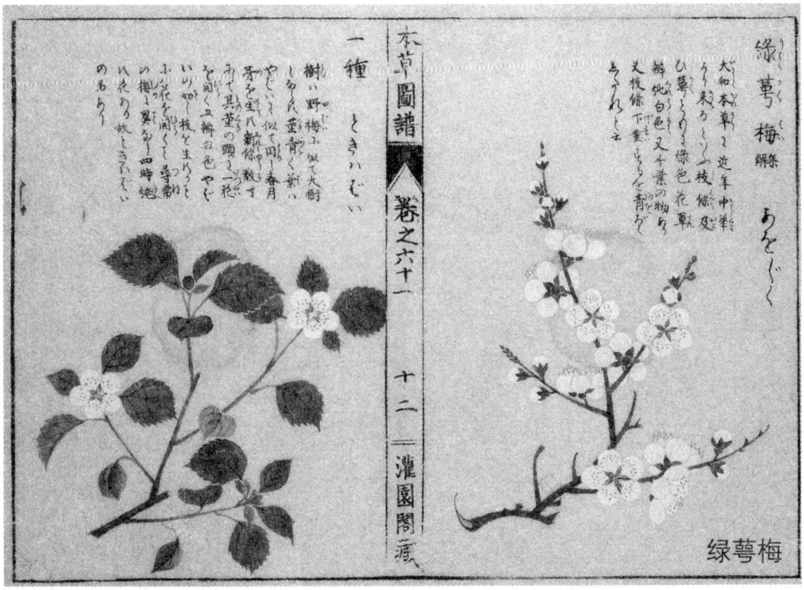

绿萼梅

提到梅，诗词中一定会颂扬它的香气，可是实际上在我国，梅花一般是没有什么香气的。如果不是把鼻子靠近花闻，很难闻到香气。与此不同，中国的梅花，既不是形容，也不是夸张，事实似乎就是香气浓郁。不仅仅是诗人们的颂扬，像《范村梅谱》这类实际的记录也有明确的说明。另外宽文年间来到我国，效力于水户藩的朱舜水的《朱氏谈绮》中有“唐山之梅，比日本之梅香深”。日本的梅花香气淡是因为水土的原因，但是古诗词中会如此的赞颂，难道不是因为很久以前的梅花曾经非常香吗？关于这个问题，我曾经与万叶学者泽泻久孝博士讨论过，据泽泻君的观点，《万叶集》中关于梅花的短歌有很多（他当时似乎列举了具体的数字，但我忘记了），其中关于梅花香气的仅有一首。然而《古今集》以后，颂扬梅香的作品明显增多了，那不过是因为受到了中国文学的影响，实际上从万叶时代开始我国的梅花就不那么香了。这的确是卓见。三百年前我国的梅花香气就淡了，这一点可以从上面朱舜水的语言中看出。因此不难想象，再往前追溯几百年，情形应该也是一样，但是诗人们却习惯性地颂扬梅花香气馥郁，人们却也给予了认同。

所以，在这样的情形下，香气浓郁的绿萼梅的输入，是多么重大的事情呀。关于此，贝原益轩的《大和本草》中有“绿萼梅，近年自中华来”，此书是在宝永五年（1708）完成的，所谓的“近年”可以推断大概是在元禄年间（1688~1703），是距今260年前进口到我国的。幸运的是，不知道是因为这个品种与我国的水土相适应，还是因为进口后年月还不太久远，现在仍然保留着明显的清香。如果进入梅林从绿萼梅花下经过，即使不仰视树梢，也可以通过清香轻易地把它与红萼梅花区别出来。

这个品种并不仅仅是花的色、香胜于红萼，据园艺学者的调查，其果实也是酸味多，苦味少，果形虽然略小，但是产量丰富，非常适合做梅干。真是兼具观赏和实用的优良品种。但是对于我们来说，最珍贵的还是它的香气，歌人、诗人在此花下，再也不用习惯性地说谎了。读者诸君中，如果不知道绿萼，却认为梅花是香的，那也不过只是妄信。

（1952 年 1 月 1 日《朝日新闻》西部版）

附录：

绿萼梅，近年自中华来。……花小而不尽开。花萼青，香佳，枝青。（《大和本草》第十二卷）

绿萼梅，叶异于常梅。常梅新芽之梢红。此梅新芽亦青。实小而见清洁。其萼青，故名。其香之佳，胜于常梅。近年自中华来。今处处。（《大和本草》卷一）

“小馨的梅花开了”，听到妻子的叫声，他急忙踩着木屐……站在了梅花的小树下。的确是开了，是开了！那梅花是被称为青轴或绿萼的品种，花枝只有三四枝，点缀着几个像是从染了色的绿萼中膨胀出来的白色的花蕾，在这早春二月，不畏严寒，热情地盛开着。像极地的白雪似的，略微带着点青色的纯白的花朵，气味芳香。如今才感到梅花是多么的威风凛凛的好花呀。（芦花《梅朵》，载《蚯蚓的谵语》）

荔 枝

荔枝在中国只有福建、广东、四川三省出产，因古代杨贵妃喜好而闻名。杨贵妃在四川长大，所以喜欢荔枝。因为广东产的荔枝比四川的好，所以每年让广东进贡，七天七夜快马飞驰送到长安，挑选色、味没有变化的送进宫中。

以唐玄宗与杨贵妃的情事为主题的元代戏曲《梧桐雨》杂剧中，有杨贵妃开心地吃着从广东进贡来的荔枝、玄宗在一旁欣赏的场景，玄宗唱的词曲中有形容荔枝之美的诗句："绛纱笼罩水晶寒（就像是用红色的薄纱包裹着的冰冷的水晶）"。我二十年前在东北大学讲这个曲子时，好像对此句就做了上面的解释。我当时还没有吃过荔枝，说到我在上海吃到的荔枝干，它的果实是圆的，直径大概有一寸，壳是茶褐色的，硬而薄，有皱褶，剥开壳后，里面有红黑色的半透明的果肉，中间包着大而圆的果核。果核像枇杷核那么大，果肉像葡萄干一样甘美。以此推测鲜荔枝去了壳后的果肉应该像葡萄一样滑溜，并且颜色是红色的。所以曲文中形容果肉表面的膜为"绛纱笼罩"，形容其果汁为"冰冷水晶"。并且，我深信荔枝之所以被称作丹荔是因为它的果肉是红色的。

荔 枝

可是去年夏天，爱好读我随笔的一个读者从鹿儿岛寄来大隅的佐多岬产的带有叶子的鲜荔枝。我开心地拨开壳，却意外地发现果肉是白色的，与龙眼肉相同。我边想着这可能也是一种品种吧，边翻阅了《本草纲目》，其中写着荔枝的果肉新鲜时是白色的，晾干后就变红了。即便是晾干后变红，如果是葡萄干那样的颜色还可以理解，而干荔枝是像葡萄酒一样的红色，这就有点不可思议了。为什么这个白白的鲜果晾干后会变成红色羊羹一样的颜色呢？我虽然心存疑问，却也欣喜于得到了百闻不如一见的新知识，纠正了自己长久以来的错误。虽然无法与广东出产的荔枝相比的大隅的荔枝，并且经过了一些时日，失去水分变干了，味道也不怎么样，但是却由于是难得的珍品，我一边细细品味着寄赠者的深厚情谊，一边尽兴赏玩着那酸甜的味道。

我乘兴拿出宋代蔡襄的《荔枝谱》一读，从里面找到了解答上面疑问的钥匙。即制作荔枝干的时候，有红盐和白晒两种方法。白晒就是日晒后密封在瓶子中；红盐是在盐渍的梅醋中浸泡扶桑（朱槿）的花，做成红色的汁，把荔枝泡在里面，然后晒干，颜色是红的，味道酸甜，放三四年也不会生虫。我在上海吃过的红色荔枝，可能就是用这种红盐方法制作的荔枝干吧。《本草纲目》中只记载了晾干后变红，没有说明其制作方法，是杜撰的。

那么杂剧《梧桐雨》中的“绛纱”（红色的薄纱）究竟是形容什么东西的呢？原本荔枝壳刚开始是青色的，熟了之后会变红。别人送给我的大隅的荔枝是淡红色的，完全熟透了的好像是赤红色的。

白乐天的《荔枝图序》的文章中这样说明：“实如丹，夏熟。……壳如红缯，膜如紫绡，瓤肉莹白如冰雪。”那么杂剧《梧桐雨》中所说的“绛纱笼罩水晶寒”，形容的应该是红色的壳包裹着白色的果肉的样子。我简直想象不到那粗糙的荔枝壳，会被比喻成若隐若现的纱。而且我一直深信荔枝肉是红色的也是我的不对。收到大隅的鲜荔枝，我二十年的迷梦终于醒了。想必有识之士会笑话我的迂阔，而我的乐趣却在于不求甚解之中得到了真解。

（1952年6月19日《朝日新闻》全国版）

附录：

关于佐多岬的荔枝的由来，在某杂志中登载了银座千疋屋不室氏的观点，文字如下：

> 荔枝树在户冢的温室中有培育。战争时期，温室被海军接收，它们被移植到了九州南端的佐多岬。这些树长大后，本来每年可以采摘数千克的果实，可是由于这个地方常有台风经过，荔枝还是青色的时候就被吹落了，所以收获多的时候有三四十千克，少的时候只有三四千克……由于荔枝容易腐烂变质，还没来得及出售就有一半坏掉了。

月与兔

说到月亮，首先想到的就是秋天的明月。中秋时节的中秋明月，诗句“月月赏月多繁月，繁赏之月此时月”最受人们的推崇。三十年前我在北京留学期间，去云冈石佛寺的途中，在大同住了一宿。当天恰逢中秋佳节，偶遇旅馆在中庭中设坛祭月。祭坛上放着泥质的兔子，称为“兔儿爷”，供奉着月饼。当时人们烧香、放烟花、跪拜月亮的情景如今仍历历在目。这和我国拜月时供奉圆子、毛豆、柿子、栗子等情形相比，虽然品种不同，但是拜月的风俗都具有东方情调。

月亮里面住着兔子的传说，在童话中都有讲，当然中国的是最正宗的，因此中秋祭兔儿爷。但是如果进一步追溯本源，似乎这是来自印度的传说。我年轻时读《今昔物语》的天竺部时，从其中的一个故事中得到了这样的印象，也没有特别调查过，但这种想法一直深存脑中。那个故事讲的是帝释天为了测试兔子、狐狸、猴子是否起了道心，就变成一个老人，让他们供养。猴子拿来了果实，狐狸拿来了鱼，可是兔子什么也没有拿，就投身火里把自己烧死了供老人食用。帝释天怜惜它，就把兔子的形状移到了月亮里，普视众生。参考芳贺矢一先生的《考证今昔物语集》，可以明确这个故事的原型是出自唐玄奘的《大唐西域记》，可是考证引用的其他佛典的传说中，只谈到了兔子被烧死的事情，而没有被移到月亮里的结局。关于这一点略微让我感到不安，但是现在又没有时间去深究，只有信任玄奘的学德，坚持我的先入为主的观点。

关于这个传说，有一个史上最有意义又有趣的中国文献。那就是战国末期即公元前4世纪初，楚国创作的韵文《楚辞·天问》篇中的一章：

夜光何德？（月亮有着什么德行）
死则又育？（能够月缺月圆）
厥利维何？（月中黑点那是何物）
而顾菟在腹？（是否兔子腹中藏身）

这个作品比佛教传到中国还要早三百七十年。如果说这个传说是从印度传来的话，那么也是作为民间传说经过印度支那半岛，从云南、广西方面传到楚国的。楚国是现今湖南、湖北为主的南方之国，曾经与北方诸国有着不同的信仰和传说，可以认为民间传说比佛教传来得更早。

相对于前面的月兔的传说，月亮里有蛤蟆可是中国固有的传说。这在汉代的文献中有多处出现，普遍认为最早的是汉武帝（公元前2世纪初）时的《淮南子·山林训》中有“月照天下，蚀于詹诸”之说。“詹诸”也写作“蟾蜍”，是指蛤蟆。据古代的注解，月亮中有蟾蜍吃月，当时被认为是月食的原因。可是也有传说说蛤蟆是嫦娥的化身。首先是《淮南子》中著名的“嫦娥奔月”的故事所记述的：“羿请不死之药于西王母，羿妻嫦娥窃之奔月，托身于月，是为蟾蜍，而为月精。”本来这个事情与月亮中蛤蟆的传说之间找不到任何关系，然而东汉中期以后的文献中，例如张衡的《灵意》、王充的《论衡》，把这两个传说结合了起来，即嫦娥奔月后，“托身于月，是为蟾蜍”。

仙女变成了蛤蟆，这未免也太乏味了。所以唐代的诗人李白把它还原成美丽的寡妇的身姿，配以白兔，赋诗《把酒问月》，即：“白兔捣药秋复春，嫦娥孤栖与谁邻。”白兔捣的当然是长生不老的仙药，应该是嫦娥让它捣的吧。这也不是李白的独创，晋朝傅玄的《拟天问》的韵文中就已经有“月中何有，白兔捣药”。至此，佛教传说中的月兔与道教的神仙传说相结合，完完全全变成了中国的东西了。

（1952年10月1日《朝日新闻》全国版）

重　阳

东汉时代有一位著名的仙人叫费长房。有一天他对弟子桓景说:“九月九日你们家会有灾难，给你的家人用红色的袋子里放上茱萸，挂在胳膊上，登高饮菊花酒，可以避过灾祸。”桓景按照仙人所说登上了山，傍晚回到家里一看，鸡犬牛羊都死了，才知道它们是替代他的家人受难了。

这就是九月九日重阳节，人们带着茱萸袋登高、饮菊花酒的风俗的起源。还有以茱萸子替代茱萸袋，插在头发上的习俗。这种风俗在唐代得到了普及。王维的《九月九日忆山东兄弟》的诗句中有“遥知兄弟登高处，遍插茱萸少一人”。白乐天也有“舞鬟摆落茱萸房”的诗句。

吴茱萸

“茱萸”日本人一般训读为“Gumi”，但是又不是胡颓子。茱萸分为吴茱萸、食茱萸和山茱萸三种，九月九日使用的是吴茱萸，古代的日语名是“皮椒(Kawahajikami)”，“IIajikami”指的是花椒。吴茱萸的籽和花椒相似，中间没有核，只有皮，所以被称为“皮椒”。刚好重阳时节籽熟透变红，有一点辛辣，具有驱邪气的药效，基于祈祷健康的心情，开始有了随身携带的风俗。食茱萸与吴茱萸同类异种，如其名称所示，用于食物的香辛调料。山茱萸与它们同名异类，形状颜色和口味都与胡颓子相似，所以被误为“Gumi”。

在我国，自古重阳时节也有使用茱萸的习俗。室町时代的《公事根源》中记载有“赐群臣菊花。……御帐左右挂茱萸囊，御前置菊瓶”。不用说，那时茱萸就被正确理解了。那么这个误解应该是江户幕府的锁国政策招致的。一个国家的政治方针会影响到这些琐碎的问题，为政者应该以此为戒呀。

（1953年9月2日《朝日新闻》东京版）

桑落酒

北魏时代的农书《齐民要术》中记载，酒的酿造季节一般是从秋季到春季之间，秋季的称为桑落酒，春季的称为春酒。“桑落”因阴历十月桑叶落时酿造而得名。还有早一些的九月九日开始酿造的方法。另外，同时代的《水经注》记载，平阳的刘堕酿造的美酒闻名于世，并且，“桑落”的发音被讹传成了“索郎”。然而南宋的《苕溪渔隐丛话》中引用的《后史补》中记载，河中一个叫作桑落坊的地方，桑叶落时酿造的酒非常有名，其名称转讹为“桑郎”。平阳是当今的山西省临汾县，河中是在它西南方不远的现今的永济县。大概发源地从平阳移到了河中，出现了桑落坊的地名。

南北朝末期，北周庾信的《乞酒诗》中有“蒲城桑落酒，灞岸菊花天”。“蒲城”是今陕西省蒲城县，距离河中的西部很近，此处也产名为桑落的酒。于是后来就变成了陕西的名产。明末《枣林杂俎》中记录，当时在陕西桑落酒的方言的发音为“丧落酒”，因为“丧”字的发音不吉利，为了避讳，改称为“秦酒(陕西的酒)”。

似乎北方盛行秋季酿酒。记录北宋首都汴梁(今河南省开封市)风俗的《东京梦华录》中，有八月十五中秋节前各个店家就已经开始售卖新酒的盛况，比桑落酒要早一个季节。温暖的春天的新酒当然好，而在肌肉紧绷的秋季小酌新酒也不错，因此才有了宋代的通俗诗“香橙螃蟹月，新酒菊花天”。把香气浓郁的橙(柚子)皮捣碎放入蘸汁中，把煮好的螃蟹泡在里面当作下酒菜，品尝着新酒，是菊花盛开的秋天理想的美味。我国的酒都是春酒，但是过了夏天到了秋天，酒的味道就更加好了。秋天的新酒，又是别有一番风味。

(1950年3月《国立博物馆新闻》)

香草小记

兰草与兰花

秋季七草中的泽兰，就是本草家即药物学者所说的“兰草”，唐代以前的文献中出现的“兰”指的就是这种草。这种草，叶子比花香，并且香气干了之后比新鲜时还要浓郁。夏日里把它挂在屋檐下，其芳香可以持续二十多天，能除恶臭。可是今天我们称为“兰”的草是宋代以来才变得有名的，这种草只有花有香气，叶子没有香味，因此本草家称之为“兰花”，以示与前者的区别。然而南宋以来，这种兰花的园艺开始大肆流行，大家逐渐倾向于认为它就是以前所说的“兰”，为了辩解其误而展开了各种论说。现在就来看看其中的经过吧。

首先看看最早关于说明古代的“兰”的文献。陆玑关于《诗经》的动植物所做的注解的著作中，关于“蕑”草的说明是：“蕑，即兰，香草也……其茎似药草泽兰，广而长节，节中赤，高四五尺，汉诸池苑及许昌中皆种之。可著粉中藏衣，著书中辟白鱼也。”大概放入粉中是为了熏染芳香，避白鱼是由于茎叶的香气的功效吧。而唐代颜师古注解的《汉书》中所载的司马相如的《子虚赋》中说“兰即今泽兰也”。这样一来，陆玑所说的就变成了似是而非的东西了，但是似乎又不是这样的。梁朝陶弘景的《名医别录注》中有“泽兰，今处处有，多生下湿地。叶微香，可煎油，或生泽旁，故名泽兰，亦名都梁香，可作浴汤，人家多种之，而叶小异。今山中又有一种甚相似，茎方，叶少强，不甚香。此非泽兰，而药家乃采用之”。颜师古所说的大概就是基于陶氏的论点。而《本草唐本注》中订正了陶氏的论点，“泽兰，茎方，节紫色，叶似兰草而不香。今京下用之者是。陶云都梁香乃兰草尔，俗名兰香，煮以洗浴，亦生泽畔，人家种之，花白，紫萼，茎圆，殊非泽兰也”（陶氏以下的说法依据《政和本草》的引用）。如此看来，颜师古所说的“泽兰”就是陆玑所说的“兰”，是《唐本草》中所说的“兰草”。

兰草

然而北宋末期的黄山谷在《书幽芳亭记》一书中，把近代所说的兰，即“兰花”与古代《楚辞》中的“兰”及“蕙”相比较，论及其优劣，并且说明二者的区别：“至其发花，一干一花而香有余者兰，一干五七花而香不足者蕙。”这就是误解扩散开来的根源。在此之前的五代宋初之间的陶谷编写的《清异录》第一卷中说："兰虽吐一花，室中亦馥郁袭人，弥旬不歇，故江南以兰为香祖。"非常明显这里的"兰"指的就是"一干一花"的兰花。"江南"作为当时的用语，指的是五代的南唐，可见这个误称是从五代就已经存在了。但是使之扩散开的正是黄山谷本人。但是这一误称也被一些专家采用，徽宗政和六年(1116)完成的《本草衍义》中有"叶如麦门冬而阔且韧，长及一二尺，四时常青，无枝梗，殊不与泽兰相似"。到了南宋孝宗淳熙元年(1174)完成的罗愿著的《尔雅翼》中主张，现今兰草，又名都梁香者为古之，而非兰。现今似莎叶之兰才是古代的兰。

后来到了宁宗的庆元五年(1199)朱熹著写的《楚辞辩证》中，否定了黄山谷等的论点，辩证说："大抵古之所谓香草，必其花叶皆香，而燥湿不变，故可刈而为佩。若今之所谓兰蕙，则其花虽香而叶乃无气，其香虽美，而质弱易萎，皆非可刈而为佩也。"正如朱熹所说的，似《楚辞·九歌·云中君》所说的"浴兰汤兮沐芳"就更加做不到了。可是如果是兰草，如前面所说的陶弘景《本草唐本注》所记载的，是可以做浴汤的。

这些我们姑且不论，黄山谷所说的兰蕙到了南宋，其园艺大肆流行，到了南宋末叶理宗的绍定六年(1233)，赵时庚编写了《金漳兰谱》，淳祐七年(1247)王贵学著写了《王氏兰谱》，分别留下了伪兰五十种的记录。这些都是福建省漳州(今龙溪县)栽培的品种，证明了所谓"建兰"的渊源在此地。与其同步的，南宋初期的文人杨补之、僧华光等开始画水墨画的兰，到了南宋末期出现了赵子固、郑所南大开其道，到了明代，兰终于占据了水墨四君子的重要地位。

在此之前还有南宋陈傅良著写了《盗兰说》，讽刺其并非真正的兰。元代的方回著写了《订兰说》，也对伪兰进行了纠正，明代的杨慎、吴草庐等也立说辨伪，但是终没能挽回大势（诸家的文章收录在《佩文斋广群芳谱》中）。终于到了明末李时珍的《本草纲目》，将古代的兰分类为“兰草”“泽兰”“山兰”，将近代的伪兰命名为“兰花”，从而明确地做了区分。

（1953年10月9日《朝日新闻》西部版）

芝兰与鲍鱼

我从童年起就比较神经质，继承了父母的灵敏嗅觉，喜欢有香气的东西，比起花的颜色，我更加喜欢花的香气，对食物我也一样，喜欢焦饭。虽然在海边长大，却讨厌有腥味的东西，总是就着咸菜吃茶泡饭，因而营养不良而骨瘦如柴。因为一副贫寒相而被继母嫌弃。在生母的老家，有株比房顶还高的修剪成圆形的“沈丁花”（汉语名瑞香），开花时整座房子里都充满了香气，是我难以忘却的记忆。

长大后，无论是香还是臭，这个敏锐的鼻子都是我宝贵的利器。可是居住在寒冷的仙台期间，由于患了鼻炎，我失去了自己宝贵的嗅觉。闻不到花香尚可忍受，再也没有比分辨不出每天吃的食物的气味更悲惨的事情了。我原本以为没有希望了，但后来问了问医科的教授，说是因为被堵住了，如果去除堵塞物，就会恢复的，我才算是得到了一点安慰。可是还没来得及治疗我就又调任到了京都。

战争期间的生活很艰苦，把鼻子闻不到香气的事情都忘记了，但在不知不觉中我的鼻子又能闻到气味了。当然没有以前那么灵敏，但是可以闻到酱汤的味道，还有腌萝卜的香味，差不多恢复了一半吧。这样一来二去我从京都大学退休，被聘任到了山口大学，一年当中有三分之二的时间在山口生活，不知道从什么时候开始鼻子又堵上了。据说如果在山口开办耳鼻科医院的话，一定会生意兴隆的。对于我的鼻子来说，山口是一个可怕的地方。

虽然也不是因为害怕寒冷，今年三月我还是告别山口，回到了京都。六月份得了流感卧床三周，起来后却意外地发现鼻子能闻到味道了。虽然还仅仅是微弱的嗅觉，但情况好的时候可以闻到早晨喝的茶香。折一枝院子里的栀子花插在瓶里，时不时地可以闻到香味。京都的水土似乎对鼻子有好处。我独自一人感叹，以前公卿们闻香斗技是有原因的。这里顺便讲一段关于香的名物学。

喜欢读《洛味》的年长的诸君，都会记得在中学的汉文或国语中学到过这样的格言吧，“与善人居，如入芝兰之室，久而不闻其香，即与之化矣;与不善人居，如入鲍鱼之肆，久而不闻其臭，亦与之化矣”。这段话出自《孔子家语·六本》，文字虽有不同，但是一般使用的都是这个文本。然而西汉刘向的《说苑·杂言》篇中也有相同的文章，可能根据的是《家语》，其中的“芝兰”使用的是“兰芷”。《说苑》是正确的，“芝”是所谓的“灵芝”，古代视为仙药，属于菌类，不是香草。“芷”是在《楚辞》中屡屡出现的著名的香草，又称为“白芷”，日本名是铠甲草，生长在水边，芬芳与兰相同，所以被并称为“兰芷”。“芷”与“芝”字形相似，所以被搞错了吧。

这里所说的“兰”并非后世所说的那个“兰”。据《本草纲目》记载，古代的兰是近代所说的兰草、泽兰、山兰，三者大同小异，但兰草的香气最为浓郁。据我国小野兰山的《本草纲目启蒙》记载，它们的日本名分别是：兰草是藤袴（Fujibakama），山兰是鹎花（Hiyodoribana），泽兰是泽鹎花（Sawahiyodoribana）。这其中具有代表性的兰草是秋季七草之一的藤袴。它不仅花香，叶和茎也香，阴干后香气会变得更加浓烈。《楚辞》中的“兰汤浴”，就是放有这种草的浴汤，“兰膏明烛”是指放有这种草而做的蜡烛。大家都很珍视它的香气。

那么近世的兰又怎么样呢？这种草受到园艺家们的青睐是北宋中期以后的事情。是谁开始把它称为兰的已经无从得知，自诗人黄山谷题为《书幽芳亭记》中有“至其发花，一干一花而香有余者兰，一干五七花而香不足者蕙”的记述后，声名远播。到了南宋，以福建为中心盛行栽培兰惠，进而成为文人、画家进行创作的重要题材，最终取代了古代的兰的名气。南宋的陈傅良气愤于这种伪兰的盛行，撰写了《盗兰说》，元代的方回著写了《订兰说》，明代的吴草芦撰写了《兰说》，均辨其伪，力显真兰的面目。直到李时珍的《本草纲目》，才最为详细地辨其真伪，给伪兰取名为“兰花”，以示区别。

另外，上述《书幽芳亭记》中的“鲍鱼”也并非我们平时所说的鲍鱼。鲍鱼不应该那么臭。《释名》中有“鲍鱼，鲍，腐也，埋藏淹使腐臭也”，意思就是腌制后使其发臭。因为生鲜的鲍鱼会腐烂变质，所以用盐腌。颜师古在《急就篇》中注解道：“鲍亦海鱼，加之以盐而不干者也。”它究竟有多么臭，从上面的文章中可以看出。还有一个不容置疑的例子，在《史记·秦始皇本纪》中有记载。秦始皇在距离长两千余里的沙丘平台驾崩，当时的丞相恐天下大乱，决定秘密将灵柩运回长安。时值七月，暑热异常，因为尸体腐烂，灵柩内散发出臭气，于是他们在运送灵柩的车上放了一石鲍鱼以便掩人耳目。顺便提一下，我们现在所说的鲍鱼本来称为鳆鱼。鳆字音，蒲角切，入声，随着音韵的转讹变化为上声，逐渐使用了“鲍”（音是蒲巧的反切）为借用字。《和名类聚抄》中引用本草的“鲍一名鳆”。一般认为，鲍鱼开始使用“鲍”字是从唐代开始的，《汉书・王莽传》中有“啖鳆鱼”的说法，颜师古注解为“鳆，海鱼也”，而没有注解为鲍鱼，所以，由此可知，唐初还没有开始使用“鲍”字。

上面说的都是一些旧解，据说这种臭咸鱼在当今的广东仍然在食用，是一种叫作曹白鱼的、长为五十厘米的鱼，腌制时不掏内脏，整条腌，非常臭。但据说习惯后就成为一种难以形容的芳香，这正是“鲍鱼”的嫡系孙（详细内容参见杂志《甘辛》三十年四月号的《食在广州》）。相比之下我国近江的腌鲫鱼寿司是多么文雅，深得吾辈欣赏，可是那也是根据中国大陆传来的方法制作的，腌鱼肠模仿的也是他们的方法。在中国还有很多很多发臭的食品。可是另一方面，在热爱芳香、在香辛调料的使用上其发达程度，又是我国遥不可及的。

（1957年10月《洛味》）

兰芷与芝兰

《说苑・杂言》篇有曰：与善人居，如入兰芷之室，久而不闻其香，则与之化矣。

《孔子家语·六本》篇云：与善人居，如入芝兰之室，久而不闻其香，则与之化矣。

今按：汉代以前的书籍中都使用的是“兰芷”或“茝兰”（茝与芷相通），使用“芝兰”仅限于魏晋以后的书籍。上面的《说苑》是西汉的书，《家语》据称是魏国王肃收集的。其他的我试着查阅了《太平御览》第九百八十二卷的《兰香》中引用的相关条目如下：

《礼》曰：妇人或赐之茝兰，则受而献诸舅姑。（《礼记·内则》）

《文》子曰：兰芷不为莫服而不芳。（《礼记·上德》）

以上是汉代以前的文章。

《抱朴子》曰：人鼻无不乐香。故流黄、郁金、芝兰、苏合、元膳（今本为元膽，素胶、江篱、揭车、春蕙、秋兰，价同琼瑶。（晋朝葛洪的著作，出自其《辨问》）

《语林》曰：谢太傅问子侄曰：……车骑答曰：譬如芝兰玉树，欲使其生于庭阶耳（《语林》已经失传，是晋朝裴启的著作。此条出自《晋书·谢安传》）。

以上是晋代的书籍。在《抱朴子》中，“芝兰”是一种香料的名字，在《语林》中，因与“玉树”是对应的，“芝”不过是“兰”的一种美化修辞。还有《抱朴子·博喻》篇中有“兰茝以芬馨剪刈，文梓以含音受伐”之说，这里的兰和茝可以解释为是两种植物。

《荀子·劝学》篇中有：“兰槐之根是为芷，其渐之滫，君子不近，庶人不服。”这里的“芷”不是香草的名字，是随身携带的香料的意思，即带有芳香的佩戴之物。汉代《大戴礼劝学》篇中引用了《荀子》文章的前半部分，但是略有异同：“兰氏之根，怀氏之苞，渐之滫夫”云云。想来“氏”通“芷”，“怀”通“槐”。“兰氏”就是“兰芷”，是作为香料随身佩戴的兰的意思吧。“服”是随身佩戴的意思，与后世使用香囊的目的一样。“怀氏”即“怀芷”，可能就是“怀香”即“茴香”吧。兰以其根（似乎指的是茎）为芷，怀以其苞（即茎）为芷。《荀子》总括为“兰槐之根”。回头看看前面引用的“《文》子曰：兰芷不为莫服而不芳”的“兰芷”也是作为佩戴物的兰的意思，并不是指兰和芷两种香草。因此《说苑》中的“兰芷之室”也对应“鲍鱼之肆”，也许是制作兰的佩戴物的房间的意思。《礼记》的“茝兰”也只是把文字颠倒了，可能仍然是兰的佩戴物。原文中罗列了“布帛、佩帨、茝兰”，“佩帨”是擦东西的佩巾，即腰下别着的手绢，相对应的，“茝兰”也是腰下别着的香囊，意思是“佩物之兰”，与兰芷同义吧。

制作兰的佩物时，要把它浸在某种液体里，以增加其香味。

> 《晏子春秋·杂上》曰：今夫兰本三年而成，湛之苦酒，则君子不近，庶人不佩；湛之縻醢，而价匹马矣。
>
> 《荀子·大略》曰：兰茝藁本，渐于蜜醴，一佩易之。

晏子所说的“兰本”似乎就是荀子所说的“兰茝藁本”的略称。“藁本”也是香草的名称。“苦酒”指的是醋。“縻醢”在《说苑·杂言》篇中有与此相同的文句，其中使用的是“鹿醢”，“麋”可能是“麋”的误用，“麋”是鹿类。大概那个东西是腌鹿肉。这一句话是比喻人格会随着环境的交错而变好或变坏，说的是兰本浸泡在醋里会有恶臭，而浸泡在鹿醢里就具有交换一匹马的价值。这应该是夸张的说法吧。然后，《荀子》中所说的“蜜醴”，大概是甜酒中拌了蜂蜜，泡在里面就具有可以换一个玉佩的价值了。并且“三年而成”也就是说需要浸泡很长时间。想象力丰富一些，一方面香草的香味传到液体中，同时液体的香味也浸入香草，岂不是一举两得的好方法！

（1958年九月稿）

茴　香

茴香和蒜是中国烹饪中不可或缺的香料。蒜的味道那么臭，但在我国却被相当广泛地使用，而茴香那样的芳香却完全无人问津，这究竟是怎么回事呢？最近听说京都的一家点心店制作了一种在类似饼干的点心上撒了茴香，这可真是好消息。

就算不是中国菜，为了去除猪肉等的臭味，难道不应该大量地使用茴香吗？如果将“七味唐辛”中去掉那个多余的麻子，加上茴香的话，就可以更加衬托出花椒的味道吧。花椒和茴香的香味非常协调。北京就有著名的五香羊肉，是用酱油和香料把羊肉煮熟，作为下酒菜是无上的佳品。我不太清楚所谓五香究竟是什么，但是茴香和花椒的香味非常突出。上海版的《食谱大全》中的五香是黄酒、酱

茴香

莳萝

油、甜面酱、茴香、花椒。虽然并不仅限于五种，但是茴香和花椒一定是首选使用的香料。

诚然，中华以美食著称，所以香料的使用很早就已经很发达了。北魏时期编写的农书《齐民要术》中记载的烹饪方法，处处可以看到香料的使用。例如鸭汤中使用了葱、橘皮、木兰、生姜，羊肉香肠中使用了葱白、姜、椒、荜拨、胡椒。木兰据说是类似桂皮的东西，荜拨与胡椒同类，其名称也是同源的外来语。

当时茴香在北朝尚未被使用，所以在这本书中没有看到。而梁朝的陶弘景说："煮臭肉，下少许，即无臭气，臭酱入末亦香，故曰茴香。"（引自《本草纲目》）由此可见，当时茴香在南方已经作为香料使用了。之后茴香的使用越来越兴盛，终于占据了香料的王座。由于篇幅所限，在这里我就不详述了。其他与茴香类似的还有莳萝，这种草是从波斯国(伊朗)传入，被称为小茴香。还有一种与茴香的香味极其相似的灌木的籽，称作八角茴香，这些香料都被广泛使用，颇受欢迎。

近年，我得到了一把茴香的种子种在了院子里。这种植物是宿根草，越长越茂密，高度可以达到六尺，像头发一样的叶子非常茂密，绿油油的，冬天也不会枯萎，适合观赏，结了无数的小籽实，可以收获用不完的香料。茴香据说还可以作为治疗胃病和其他疾病的药，我打算今后试一试。

（1956 年 6 月 12 日《每日新闻》大阪版）

八角茴香

今年六月中旬，我受大阪《每日新闻》之托，给“学艺”栏目撰写了一篇题为“茴香”的随笔。这篇文章后来又被西部本社版的九州及山口县的《每日新闻》转载了。文章的要旨是提倡在日本食品的香料中也采用茴香。在最后一段叙述了这种植物的生态，其中提到近年在我家的小园子里种了一些，它的花是非常不起眼的小花，可是有着像美女的头发一样的绿叶，充满了生机，一年四季都不枯萎，宿根年年繁茂，适合观赏。这似乎激起了读者的好奇心，很多人都来信要求分一些种子给他们。《盐野香料商报》向我征稿随笔也是因为此机缘。

神户的一个贸易商寄来一封长信，文中说道，日本产的茴香比中国产的形状小，香气也不好。把这样的东西作为食用推荐给国内的人，似乎不合适。他还详细说明了日本茴香的产地、产量、出口状况等，使我大受启发。其中最让我感兴趣的事情是本来从我国进口茴香最多的国家是印度和新加坡，可是今春新加坡政府禁止了日本产茴香的进口，据说是因为英国的三名卫兵由于茴香中毒而死。日本产的茴香在品质上逊于中国大陆产的似乎是理所当然的，但是其产量居然达到了可以向南方出口，这一点令我感到意外。而英国卫兵的中毒就更加不可思议了。后来那个公司把中国产的茴香寄给了我。我打开小盒子一看，里面不是真正的茴香，而是所谓的“八角茴香”。我仔细询问了那家公司，他们回答说日本产的也是“八角”。至此，刚才的那个谜终于解开了。也就是说，这个公司进口和出口的主要是“八角茴香”。

如此一来，日本产的出口的茴香就成了问题。因为日本应该是不产八角茴香的。德川幕府末期的小野兰山的《本草纲目启蒙》中有“八角茴香产于蛮，无和产。……甚似莽草之实。故今多以是伪卖。须宜选。莽草之实虽形同，有臭气，多毒”。然而前面所说的那家贸易公司的报告中说“日本茴香的80%的产地在长崎县五岛列岛，年产量三十万斤，晚秋从自然生原始森林中采集”。这无疑就是莽草的种子。莽草的叶子密，在日本使用了“樒”的假借字，是众所周知的供奉在佛龛前的常绿灌木，据说枝、叶、根、实都有毒。在中国，虽然不是草却取名为莽草，因为种子有毒，以前用来杀鼠除虫。现今多作为八角茴香的代用品销售，吃的人常常会中毒而死。如此，不用做实地调查也可以确定，从日本出口到新加坡，致使英国卫兵被毒死的是莽草的种子。

八角茴香

八角茴香是直径三至四厘米，厚度约一厘米的褐色的固体，由八个末端为尖形的壳集成车轮状的八角，背面的中心有三厘米左右的轴，每个壳中有带有褐色皮壳的圆种子。种子和壳都有油光，有强烈的香气，咬上去有甜味，略有刺舌之感。因为香气像茴香，所以称为八角茴香，但它与中国自古就有的茴香是完全不同品种的植物。据明万历年间李时珍的《本草纲目》记载，八角茴香是从国外进口来的，在中国只有广西壮族自治区的西南部略有出产。在我国，八角茴香以前是供药用的，因为是舶来品，故称为“舶茴香”，相对于小粒的茴香称为“小茴香”，八角茴香也称为“大茴香”。然而由于大多是舶来品，所以搞不清楚究竟是什么植物的种子，只有清代张璐玉的《本经逢原》中推断是香木类的“杯香”的种子。这种观点在我国也被采用，就连小野兰山那样的权威人士也相信了。然而兰学者桂川甫周展示了兰书中记载的大茴香的图，指出了上述观点的错误。兰山后来也发现了自己的错误，在其著作《本草纲目启蒙》中更正道：“蛮书中有八角茴香的彩画，为草本，叶子也与莽草不同。”也就是说它并不是树的种子，而是草的种子。可是我查阅了一下手边近年在中国出版的有代表性的辞典，还有说是树的种子。无论是植物学还是药物学，我都是完完全全的门外汉，没有判断对错的资格，暂且列举一下辞典中记载的大意如下：

首先，商务印书馆编的《植物学大辞典》记述道：八角茴香是木兰科莽草属的，名称可见于《本草纲目》，八角茴香的形状和颜色与茴香完全不同，但气味相同。莽草的学名是Illiciumanisatum，八角茴香的学名是Illiciumverum。根据其说明，可以明确八角茴香是莽草的一种，但是关于两者的异同却没有任何涉及。《辞源》中把八角茴香当作了莽草的种子，并说它是常绿灌木，生长在福建、广西、江苏等地，广西的龙州、百色两县最多，有呈车轮状的籽实，气香而性毒，自古用于杀鼠除虫，现今作为香料，还制作成八角油出口欧美各国。也有一说认为莽草是蔓草。《辞海》中记录八角茴香是木兰科木兰属，种子与莽草的形状相同，莽草籽有毒，八角茴香无毒。但是现今市场上销售的八角茴香多以莽草的种子为代用品，吃后常常会中毒。这样看来，如果是一种无毒的莽草还讲得通，但是如果不详细判明其区别，实在是让人担心。把它的种子蒸馏后制成的八角油，大概就是我国所说的茴香油吧，不会是其中也有从莽草籽中提取的东西吧。如果这样，就要担心有毒性的混入了。专家可能要笑我杞人忧天了，我可是因为听说了英国卫兵吃了从日本进口的八角茴香而死亡的消息，所以才这么担心的。

我第一次见到八角茴香是三十多年前的事情了。那是去江南游玩的归途中，我从上海买了一斤西瓜子，拿回来一看，里面有几个奇形怪状的草籽类的东西。从香气我推测出是茴香，查了一下果然是八角茴香。那之后我就再也没有看到过那个东西。现在因为给报纸投稿的机缘，意外地与此物再会。顺便提一下，在日本主要是面向中国餐馆进口的。

（1956年9月《盐野香料商报》）

附录：莽草

我已经在上面的文章中介绍过最近中国的字典中把与八角茴香同种但是有毒的树称为莽草，它相当于日本的毒八角(shikimi)。这一论点在小野兰山的《本草纲目启蒙》中有记录，中国的商务印书馆编写的《植物学大辞典》中也采用了这一观点。可是清道光年间吴其濬的《植物名实图考》中，毒草类所记载的莽草却是完全不同的植物，主要是把其根浸泡的汁水用于田地的杀虫，与《本草纲目》毒草类“莽草”条中所引的诸家观点都不相同。

《本草纲目》中引用的梁朝陶弘景的说法是：“叶青，辛烈者良，人用捣以和陈粟米粉，纳水中，鱼吞即死浮出，人取食之无妨。”宋代苏颂说：“木若石南而叶稀，无花实。五月七月间采叶阴干。一说藤生，绕木石间。然谓之草者，乃蔓生者是也。”宋代寇宗奭的观点是：“今世所用，皆木叶如石南叶，枝梗干则皱，揉之其臭如椒。”毒八角(shikimi)的叶子与石楠完全不同，而且是丛生的，有花也有实，所以和上面的观点是不同的。《植物名实图考》中说莽草的叶子像茶叶一样大，这也是不符的。

宋代沈括的《梦溪笔谈》的《补笔谈》中关于莽草有详细的记述，大意是：世人用莽草者种类最多，有叶大如手掌者，有细叶者，有叶光厚坚脆可拉者，有柔软而薄者，有蔓生者，多是谬误。按《本草》："若石楠，而叶稀，无花实。"今考木若石楠，信然。叶稀无花实，亦误也。今莽草蜀道、襄、汉、浙江湖间山中有，枝叶稠密，团栾可爱，叶光厚而香烈，花红色，大小如杏花，六出，反卷向上，中心有新红蕊，倒垂下，满树垂动摇摇然极可玩。襄汉渔人竞采以捣饭饴鱼，皆翻上，乃捞取之。南人谓之石桂。白乐天有《庐山桂》诗，其序曰："庐山多桂树。"又曰："手攀青桂枝，盖此木也。"唐人谓之红桂，以其花红故也。李德裕诗序曰："龙门敬善寺有红桂树，独秀伊川，移植郊园，众芳色沮，乃是蜀道莽草，徒得佳名而。"卫公此说亦甚明。自古用此一类，仍毒鱼有验。《本草》，木部所收，不知何缘谓之草，独此未喻。

上文中引用的李德裕的诗序，由于是节选的，意思似乎是把龙门的红桂树移植了，失去了原意。参照原文的注解有"金陵作"，大概是李德裕在开成初年被起用为浙西观察使而驻金陵，即当今的南京时所作的。他听别人说洛阳南郊龙门的敬善寺有红桂树，伫立于伊川的两岸，嗜好草木的他想看看，让人在江南的各个山里遍寻而不得。陈侍御听说了此事，就让剡溪（浙江省曹娥江的上游）的樵夫去寻找，找到了几株移植到了郊区的庭院中。后来听说此植物在蜀道是称为莽草的树。李德裕是草木爱好者，在洛阳的南边建了称为平泉庄的别墅，自撰了《平泉山居草木记》，并在题为《红桂树》的诗题下有小注说:“此树白花红心,因以为号。”这与沈括所说的“花为红色”似乎是略为不同的品种。

《本草纲目》中陶弘景所说的“莽本作㒼字,世俗讹呼”。李时珍说:“此物有毒,食之令人迷惘,故名。”名称的由来的确是这样吧。也许从这个意义上说,本来是给毒草命名的,后来被转用于有毒的树木,根据时间和地点,把各种树木以这个名称命名。所以把“shikimi”命名为莽草。Shikimi没有李德裕所说的红桂树以及沈括所说的石桂那样美丽的花朵,叶子繁茂,开黄白色的花,所以可以认为是属于莽草这个系统的。另外shikimi使用莽草这一假借字,据我所知小野兰山的《本草纲目启蒙》中是最早开始使用的。在那之前的《和汉三才图会》中,shikimi使用的是本草中的“木蜜”,即“蜜香”,并不正确。兰山的说法是恰当的,可是仍然无法找到其详细的根据。

(1958年12月稿)

怀香赋之序

无意中翻看了我十年前的日记,猛然看到下面这段文字:

> 能够发现嵇康的《怀香赋序》与嵇含的《槐香赋序》同文,乃一大快事也。序中可见,当时的茴香尚未当作香料,而是当作书的防虫剂使用的。余甚爱茴香。欲知此香料之详细。

其实我早就忘记了此《赋序》。这十年中我也得到了一些有关茴香的知识，可是关于茴香的文献，这个《赋序》仍然是最早的。

唐初编写的《艺文类聚》中引用了《怀香赋序》。宋初编写的《太平御览》的第九百八十三卷中引用了《槐香赋序》。二者虽然有文字上的出入，但是同文，只是后者在篇末附录了赋的正文的两句，前者的作者嵇康是魏朝具有代表性的文人，后者的作者嵇含是嵇康之兄嵇喜的孙子。

从两者所引用书籍的年代来看，应该确信是嵇康的作品。而嵇含著有关于植物的著作《南方草木状》，这应该也是人们觉得此《赋序》是他的作品的理由之一吧。嵇康喜好神仙家的养生之法，常常在山中采集草药，可以推测此赋是缘于他这方面的爱好吧。赋序的内容是这样的：

> 余以太簇之月，登于历山之阳，仰眺崇冈，俯察幽坂。乃睹怀香，生蒙楚之间。曾见斯草，植于广厦之庭，或被帝王之囿；怪其遐弃，遂迁而树于中唐。华丽则殊采阿那，芳实则可以藏书。

嵇康居住的山阳县是当今河南省北部的修武县，历山位于山西省南部的阳城和冀城之间，在修武县西边不远的地方。我曾经忘记了此赋的存在，一直把茴香当作是南方的香草。宋代的《政和证类本草》中也说在今交趾、广州、诸蕃及附近的郡都有，把南方当作了茴香的主要产地。而据此《赋序》才了解到，应该在北方也有，并且有野生的。

那时还没有把此种草的种子当作香料使用，后来梁朝的陶弘景说，煮有味道的肉时，加入此种子，可以消除臭味，在发臭的大酱中加入此粉末，香味会变好(大意引自《本草纲目》)。

可是茴香当时还没有被纳入《本草经》即药物学的书籍中，据说到了唐代才被写入。宋元时代盛行“料物”，是一种类似咖喱粉的混合香料，那里面“茴香”是必不可缺的。直至明代的《本草纲目》才把它从药草部移到了蔬菜部的荤辛类，主要作为香辛料使用。

我没有写作茴香赋的文采，但是却写了其序文。那是我从京都大学退休后到山口大学开设讲座期间，妻子的娘家距离山口很近，岳母喜欢园艺，种了一片茴香。我发现后甚是欣喜，采了一些种子回家，种在了居所的院子里。由于此物是宿根草，所以逐渐成片，可以采到一些种子。

当大阪的《每日新闻》的“学艺”栏要求我写一些关于中国的食物时，我就以“茴香”为题，称赞其芳香，并吹嘘自家院子里有种植以供观赏。后来许多读者根据报社加在文末的我的职衔名称，纷纷来信希望我给他们寄种子，我就一人一把地，把所有的种子都寄了出去。去年夏天，我回京都期间，我自己种在院子里的茴香被台风吹倒了，更糟糕的是，打扫院子的人把它连根拔掉。简直悲惨极了。

今年三月辞别山口回京都时，我给亲戚和朋友各留了两株，自己也想带回去两株，可是我夫人却完全不感兴趣，说是撒在京都家院子里的种子终究会长大的，这种东西还是扔掉吧，而我还是舍不得这个老根的。带回京都的老根，还有前年播种的新根都长出了苗，伸出了茎，叶子繁茂，也开花结籽了，可是却不知是什么原因，籽总是成熟不了。去年从山口带种子回佐贺的友人，在夏末的时候来信说他已经收获了种子，而我这里不但没有成熟，反而快要枯萎了。可能是水土不服的原因吧。

《怀香赋》的遗文曰："蒙蒙绿叶，摇摇弱茎。"似美人的蓬松黑发的绿叶，让人联想到纤纤细腰的弱茎。善哉！善哉！

（1958年1月《文艺春秋》）

怀香握兰

"茴香"在古代称为"怀香"，究其名义，《本草纲目》中李时珍推测："俚俗多怀之衿衽咀嚼，恐怀香之名或以此也。"我找到了可以佐证此推测的、有几分真实性的汉代的文献，即《太平御览》的第九百八十三卷中"兰香"条目中引用的蔡质的《汉官仪》的句子："尚书郎怀香握兰，趋走丹墀。"据此，在汉代宫中管理文书的书记官是怀香握兰出现在天子面前的，不用说是为了防止臭味的。"丹墀"指的是宫殿的台阶，因涂了红漆而得名。香当然是从怀里掏出来咀嚼的，可是究竟为何物，在汉代的文献中却找不到明确的证明，暂时仿效李时珍把"怀香"当作茴香吧。

宋代陈敬的《新纂香谱》的"丁香"条目中，"《日华子》云'鸡舌香，治口气'。所以三省故事：郎官日含鸡舌香，欲其奏事对答，其气芬芳"。鸡舌香就是丁香，又名丁子香，出自大食国（阿拉伯）。由此也可以认为汉代的尚书郎揣在怀中的或许是丁香。可是这里所说的“三省”指的是中书、尚书、门下三省，三省的称呼是从晋朝开始的，鸡舌香的使用也应该是晋朝以后的事情，不应该追溯到汉代。至此，我保留汉代使用的是怀香的假设，结合前面《怀香赋序》中的“曾见斯草植于广厦之庭，或被帝王之囿”，我认为这种植于帝王之囿的，或许就是为了供尚书郎使用的吧。而且上面说到的丁香本来是从大食国进口的，虽然进口的时期不详，但是丁香已经传入，由于它的香气胜于茴香，所以郎官们就废除了使用茴香，改用丁香了吧。

下面我们谈一谈关于兰的历史。有人认为，《诗经》中出现的“蕳”就是兰。即便我们对这一观点有所疑问，但《楚辞》中却已经明明确确地出现了兰的名称，所以，兰的历史至少可以追溯到周朝末期。而茴香的历史却只能追溯到魏晋南北朝时期的《怀香赋》。但是，如果以《汉官仪》中的“怀香握兰”的香是茴香的假设为根据的话，茴香的历史就可以追溯至周朝末期。之所以这样说，是因为我前面的《兰芷与芝兰》的文章中所列举的，汉代《大戴礼》劝学篇的“兰氏之根，怀氏之苞”（氏与芷相通）一句与《汉官仪》的“怀香握兰”并列看，会觉得这其中似乎是有什么因缘的。也就是说，这个东西被揣在怀中，所以被命名为“怀香”，简称“怀”，并且这个名称是在汉代尚书郎使用之前就已经在民间的风俗里存在。因为与“怀”“槐”同音，汉字也写为“槐”，所以，《荀子 · 劝学篇》中才有“兰槐之根，是为芷”之说。这就是《大戴礼》“兰氏之根，怀氏之苞”的出处。我们可以想象，“槐”是“槐香赋”的槐香，即怀香，可能就是茴香。如此一来，茴香的历史就可以追溯到荀子的时期，即周朝末期了。

把我的推测贯穿起来就是:周朝有佩戴香袋的风俗,一般是使用櫰(怀香)和兰的茎加工的香料。汉代时，宫中的尚书郎出现在天子面前时，手里握着兰的茎叶(可能是加工品)，嘴里嚼着怀香(茴香的籽)，散发着芳香上奏对答。后来，丁香从阿拉伯进口而来，其香气宜人，三省的郎官们就开始使用丁香。我在整理有关这两种香草的小考时，认为这两种草是古代香草的双璧而值得推崇，所以我做了上述大胆的臆测，并希望将来可以得到实证。

(1958年12月稿)

“啸”的历史和字义的变迁

陶渊明的《归去来兮辞》中有“登东皋以舒啸，临清流而赋诗”一句。关于其中这个“啸”字的字义，前些年有个同行问过我。他说，对这个字似懂非懂，不知道到底是什么意思。这与我五十多年前在中学学习《归去来兮辞》时的感觉如出一辙。如今被大学教授问到，我更加不禁感叹汉文之难。我找到解答这个问题的线索，还是我在京都大学读一年级还是二年级的时候，当时，我从大阪的嵩山堂购买的“唐代丛书”中找到了《啸旨》一书。我后来虽然不求甚解，但是却逐渐地在我的脑海里形成了一种解释。我对提问的同行讲了问题的要点，他表示说希望我能把这些内容写下来。

正好西部《朝日新闻》的学艺栏邀我撰稿，我遂以“舒啸”为题写了一篇文章交差，然而，报社方面却一直没有登载。于是，我写信催促，要求他们如果不登载，就请把原稿退还给我。负责人回复我说，由于我的文章太专业了，一直在找机会刊登。后来中国[1]四国联合中国学会在山口大学开会时，我应邀以“释啸”为题，做了一个演讲。当时现场有很多人可能反而认为我讲的过于通俗了。其实把这个问题写成文章，我仍然觉得自己收集的资料不够充分，一直以草稿的形式压在了箱底。可是我年事已高，似乎难以再搜集到更多的资料了。因此，我决定将增补修正的工作留给后生可畏之人，在这里把它加入到纪念刊中。

说到《啸旨》一书，其实许多丛书中都有收录，而据我所知，其最早被收录于明代中期的《顾氏文房小说》。正德十五年都穆的后记中有：“未著作者之氏名，观其命辞，皆出自唐人，而今不可考，是书人间罕传。”当时在苏州流行淘珍本，都穆也以珍书家而闻名，可以推测这本书是他找到的珍本之一吧。然而那之后的丛书《说郛》《五朝小说》《续百川学海》中收录的都署名作者为“唐・孙广”，只有我最初看到的《唐代丛书》写的作者是无名氏。可是关于原书的作者，唐代封演的《封氏闻见记》的第五卷中有“永泰中，大理寺评事孙广著啸旨一篇”，介绍了这本书的序文和篇目。我曾经把这一条记录在了我收藏的《唐代丛书》中，而《说郛》之后的那些书里明确记录了作者，并不是因为得到了有署名的书而收录了，是因为某人看到了《封氏闻见记》而追加的吧。证据是那些书都记载了都穆的后记，明显是从《顾氏文房小说》中截取的。原书中应该是没有署名的。这本书著

① 译者注：日本的广岛一带。

作的年代“永泰”是代宗的年号，第二年就是大历元年。据介绍此书的封演说，他是天宝中太学生，并且他的书中记录了大历年间和贞元年间的事情，与《啸旨》的作者几乎是同年代的人，其记载的内容应当是可信的。那么说到原书的内容，讲述的是十二种口哨的吹法，并解说了秘曲十二曲的由来。可是封氏说：“广云，其事出自道书。”孙广说的这句话，在原书中没有。似乎封氏与孙氏是朋友，并且孙直接说过此书资料的出处。说它出自道教的书，这对于“啸”的历史是至关重要的。并且封氏还说：“天宝末，有峨眉山道士姓陈，来游京邑。善长啸，能作雷鼓霹雳之音。初则发声调畅，稍加散越，须臾穹窿砰磕，雷鼓之音，忽复震骇，声如霹雳，观者莫不倾悚。”这段描述证明了啸与道教的关系。这种关系究竟是怎样建立的呢？其实只要思考一下“啸”的沿革就自然明白了。

首先古代的“啸”是什么意思呢？《说文解字》的口部中有“啸，吹声也。歗，籀文啸。”欠部中说“歗，吹也”（这是小徐本的内容，大徐本中“吹”作“吟”）。《诗经·召南·江有汜》篇的郑笺中明确解释为“啸，蹙口而出声”，即口哨。《诗经》中有三处可以看到“啸”字：

《召南·江有汜》：之子归，不我过。不我过，其啸也歌。

《王风·中谷有蓷》：有女仳离，条其歗矣。

《小雅·白华》：啸歌伤怀，念彼硕人。

这三个例子都是过于感伤而发出的声音，而且发出声音的都是女性。《召南·江有汜》的诗意是迎娶某女子（之子）做正室时，来到本应作为妾随行的女子（我）处，却没有带走她，本应随行的女子一时起了怨气而啸，后而终转念而快乐地歌唱起来。朱子解释说，通过“啸”而“舒愤懑之气”。《王风·中谷有蓷》的诗意是，由于饥荒年，夫妻离别，妻子悲伤而“啸”。《小雅·白华》的诗意是，周幽王弃申后而宠爱妖女褒姒，申后啸歌伤怀，思念她尊敬的幽王。这三例所表达的都是女子因怨气、悲伤进而通过口哨发泄情感。

汉魏六朝期间的文献中可以找到若干佐证的典故。首先是《烈女传·仁智》篇中出现的，鲁国漆室地方有一女子，过了出嫁的年龄还没有出嫁，“倚柱而啸”，邻人之妻以为她欲嫁，说道：“何啸之悲也？子欲嫁耶？吾为子求偶。”（下略）其次，《赵飞燕外传》中，叙述汉成帝宠爱赵飞燕，某日与其在太液池中荡舟之时，趁着刮大风，飞燕说着“仙呀仙呀”，欲纵身投池（因为与妹妹合德争宠，嫉妒而至），成帝命人阻止了她。风停后，“（飞燕）泣曰，帝恩我，使我仙去不待。怅然曼啸，泣数行下”。另外，《古今注》的音乐篇中，商陵的牧子娶妻五年不得子，其妻子听到其父亲和兄长要让他换妻，“中夜起，倚户而悲啸，牧子闻之，怆然而悲”。以上例子都是女子悲伤时发出的声音。

啸还有另外的用途，那就是用“啸”招魂。《楚辞·招魂》篇有，“招具该备，永啸呼些”。王逸注：“夫啸阴也，呼阳也，阳主魂，阴主魄，故必啸呼以感之。”朱熹注：“啸呼即谓皋也。”朱熹的这个解释是在《仪礼·士丧礼》及《礼记·丧大礼》中可以看到的礼，就是人死时，一人拿着死者的礼服登上中屋顶，面向北，用衣服召唤“皋某复”，叫三遍后以衣覆盖尸体（古者人死，则以其上服升屋履危，北面而号曰：“皋某复。”遂以其衣三招之而下以覆尸。此“礼”所谓“复”

也），这是北方的风俗，不适用于南方的《楚辞》，并且这里漏掉了“啸”的解释，我认为还是王逸的观点稳妥一些。而晋朝葛洪的《神仙传》第九卷中可以看到方士用啸召鬼，这里说的是刘根的逸事。刘根在西汉成帝的绥和二年被升为孝廉，可是他却弃世学道，进入了嵩山的石室。他曾经在华阴山遇到神人韩众，受教了仙术，通过修行，可以展现各种神秘的现象。郡太守不信，召令他来测试其道术，问他能不能招鬼，如果能就赦免他，如果不能就杀了他。刘根读了上奏文，“又长啸，啸音非常清亮，闻者莫不肃然，众客震悚。厅上南壁忽开数丈，见兵甲四五百人。传呼赤衣兵数十人，赍刀剑，将一车，直从坏壁中入来，又坏壁复如故。根敕下车上鬼，其赤衣便乃发车上披。见下有一老翁老姥，大绳反缚囚之，悬头厅前。府君熟视之，乃其亡父母也”。这当然不可能是事实，但是这样的典故流传的背后，可以证明作为道教中施仙术的手段而吹“啸”的事实，并且与《楚辞》中的南方风俗有某些联系。这在“啸”的历史上是不容忽视的。《啸旨》中有《刘公命鬼》一章，说明了是“仙人刘根所为”云云。

《啸旨》的《序》中讲述了啸的道统。首先是太上老君传给了王母娘娘，然后是南极真人、广成子、风后、啸父、务光、尧、舜、禹，“自后乃废，续晋太行山仙君孙公有获之，乃得道而去。无听授焉。阮嗣宗得少分。其后湮灭不复闻”。禹以前的传统当然是不可靠的，仙君孙公（名登）为中兴之祖似乎是事实，他与阮嗣宗（名籍）的交往是有名的典故。《世说新语·栖逸》篇的原文以及注解中有详细记录。阮籍到苏门山拜访隐者孙登，论太古无为之道、五帝三王之义，隐者不理他，籍长啸，隐者默默一笑，他告辞踏上归途时，山间回荡着隐者高啸的美声。《啸旨》中用“苏门”和“阮氏逸韵”两章详述了这一事情的过程。从这一典故中我们可以得知，除了道教以外，在神仙和道士之间有吹口哨的习俗的事实。但是神仙用啸究竟是出于什么样的宗旨，却不得其详。我想象可能是由于那种把气尽兴吹出的感觉适合于养生术，并且对于在山中无为地过着原始生活的人来说也是一种安慰吧。《啸旨》所说的“啸之清可以感鬼神，致不死”。大概道教之所以用它是由于可以感动鬼神，神仙之所以用它是因为可以不死吧。并且，如前所述，啸和道教的因缘一直延续到了唐代。

魏晋南北朝之后，似乎流行起了有音乐感的美妙的“啸”，也就是除了道士、神仙所发明的，类似擂鼓、霹雳的啸的独特的声音之外，开始流行使用普通歌曲旋律的随意的口哨。例如，据《陈留风俗传》记载，啸的名人阮籍“阮嗣宗善啸，声与琴谐”（据晋江微撰《佩文韵府》）。“与琴谐”，明显吹的是普通的琴曲。还有《世说任诞》篇有“刘道真少时尝渔草泽，善歌啸，闻者莫不留连”。从这些文献可以看出，这类“啸”称作“歌啸”。还有《晋书·成公绥传》中，绥平素爱好音乐，热天受风吹而啸，“冷然成曲，因为啸赋”。由于他爱好音乐，所以吹的仍然

南朝砖画中的阮籍

是歌啸吧。晋朝的谢鲲因调戏织布的女孩而被她用织梭打断了牙齿，仍然长啸“犹不废我啸歌”(《晋书·本传》)。这里也是歌啸吧。总之当时很流行歌啸。可是成公绥的《啸赋》(《文选》十八)中，“精性命之至机，研道德之玄……邈跨俗而遗身，乃慷慨而长啸”。由此我们可以看出“啸”仍然是现世之外超脱者所为，带有道家的味道。这种心情对于“啸”是非常重要的。

以上是对于“啸”的本义的沿革进行的考察。而从其转义来考虑，在魏晋以后和以前，在使用方面有着一大区别。也就是说，在魏晋之前，表达的是悲声，而魏晋以后含有超脱的心情。例如《后汉书·隗嚣传》所载，王遵写给嚣的信中所说的“吟啸扼腕，垂涕等车”，表达的是悲慨的声音。东汉马融的《长笛赋》(《文选》)中，将笛声与鸟声相比较，“山鸡晨群，野雉朝雊。求偶鸣子，悲号长啸”，很明显表达的也是悲声。这些都是从前述《诗经》的例子中，基于由悲伤的女子吹“啸”的实际情况转义得来的。而到了魏晋期间，啸被神仙、道士等使用，类似《啸赋》中那样带有了道家的气味，因而“啸”一词也带有了那样的心情。本来啸是口哨的意思，转而带有了唱歌的意思，进而有了表达即便是不吹口哨、不唱歌，像神仙、道家那样超然脱俗的意思。因此，“啸”字就有了有声的啸和无声的啸两种意思。如此一来，就出现了难以判断是有声还是无声的暧昧的用例。

下面我们来看看这样的用例。首先晋朝郭璞的《游仙诗》中有，“中有冥寂士，静啸抚清弦”，与“清弦”相对应的“静啸”一定是唱歌的意思。唐代王维的《竹里馆》的诗中有“独坐幽篁里，弹琴复长啸”，也是一样的。但是并不仅仅是唱歌，其中有超然处世的寓意。这是因为“啸”字已经进过一次神仙、道家的家门的缘故。还有《世说新语·文学》篇中有“桓玄尝登江陵城南楼云：‘我今欲为王孝伯作诔。’因吟啸良久，随而下笔。一坐之间，诔以之成”。这里的“吟啸”意为吟诵或沉吟，可能是介于有声与无声之间的。那么前面提到过的《归去来兮辞》中的“登东皋以舒啸，临清流而赋诗”中又是怎样的情况呢？从字面看“舒啸”与“赋诗”相对应，可能是吟诵的意思。但是进一步考察其内里的含义，似乎也未必是吟诵，而是表现了悠然自得的超然生活吧。而《晋书王徽之传》中“时吴中一士大夫家有好竹，欲观之，便出坐舆造竹下，讽啸良久”。这里无声的要素更多。《世说新语·言语》篇中有，“周仆射雍容好仪形，诣王公，初下车，隐数人，王公含笑看之。既坐，傲然啸咏”。这里的“啸咏”的意思是“傲然”似旁若无人，似在山林中啸咏的态度，当然应该断定是无声。这里的“傲然啸咏”短缩一下就成了“啸傲”一词。晋郭璞的《游仙诗》中有“啸傲遗世罗，纵情任独往”。陶渊明的饮酒诗中有“啸傲东轩下，聊复得此生”。《辞源》以陶渊明的这句诗为例解释道：“啸傲，谓狂放不受拘束。”虽然不够充分，但是接近正解。世俗之外，超然脱俗的心情为“啸”。并且《辞源》中以唐代宋之问的诗句“吟啸自安闲”为例解释道：“吟啸，意趣恬适也。”此乃妙解。“恬静自适”正是无声的“啸”所具有的真意，可以说是神仙思想为背景的啸的转义的极致，表达了隐逸的心情。其他还有转用为唱歌的意思，“虎啸”“猿啸”“蝉啸”“雨啸”等，转用为非人的声音，非常浅陋，不足以为论。

《啸旨》的序中论述了啸的道统，直至阮籍，“其后湮灭不复闻”。道家神仙的“啸”以孙登和阮籍为代表，那之前和之后的信息都找不到了，但是其底蕴一直被道教所保留，绵延不绝，其脉络一直延续到了唐代。这一点可以从前面提到的天宝末年来到京邑的峨眉山道士的啸的美妙声音使人惊奇，以及《啸旨》所根据的是道书而得到佐证。“啸”的字义的变迁也在这个阶段停止了发展，其后仅仅是做了袭用。回顾来看，在古代“啸”是作为表达妇人抒发怨气和悲伤的声音来使用的。而楚国有着替死者招魂而使用的风俗。继承这一系统，与此相似的还有类似神仙、道士出于养生的意义而吹啸。至此，其转义上加入了神仙、道士的高尚生活的意味。而转义的极致，即无声仍然称为“啸”，也就是说成为表达超凡脱俗心情的词语。魏晋之后的“啸”大多寓有此义。这一点与汉代之前的“啸”字寓意悲伤是不同的。

顺便提一下，在我国相当于“啸”的“啸吹”一词，在小山田与清的《松屋笔记》的第八十三卷中有详细的论证。其原意也是“吹口哨”，转义多用于低声吟咏，但是中古时期以后受到汉文的影响，似乎也有了无声的“啸吹”。《源平盛衰记》第三卷，“右大将”的条目中有“晋七贤啸于竹林寺”，典故具有老庄思想，当然是无声的“啸”的直接引进。还有同书第十三卷“熊野新宫军”的条目中有“宫仰望着梅雨季节云间的月亮，心中澈澄而啸，常进入忘我之境”，这里似乎是悠然自得的意思，可以理解为是无声的“啸吹”。另外，同书第三十六卷“维盛住吉旨”的条目中有“住坐于江殿之钓殿，深沉吟啸”，这里应该也是无声的吧。长门本的《平家物语》第七卷，“太政大臣师长趣配所给事”的条目中有“远观鸣见溪，常觑浪与月，浦湾风啸吹，弹琵琶，咏诗歌，恬淡度日”。《源平盛衰记》第十二卷“大臣以下流罪之事”的条目中有“常望朗月，对着海风啸吹，弹琵琶，咏诗歌，云云”。几乎与上文一致。这里的“啸吹”似乎可以理解为唱歌，可是由于几乎是模仿汉文对仗的文体，“觑”与“啸吹”相对应，应该是静态的，“弹”与“咏”相对应是动态的，所以这里仍然是无声的“啸吹”。这些用例我是从《松屋笔记》中挑选出来的，但足以证明无声的“啸”对我国文学的影响了吧。并且从上文中的“恬淡度日”中可以看出，这里仍然有一些寓意继承了道家思想的高蹈心情。

（1957年12月《立命馆文学》）

《诗经》名物考二则

关于“锜”的形状（附凿、钻、锥）

《诗经·豳风·破斧》篇中有“既破我斧，又欠我锜”的句子。《毛传》中对“锜”的解释是“凿属曰锜”。唐代孔颖达的《正义》说“未审其状”。而清代胡承珙的《毛诗后笺》、陈奂的《毛诗传疏》、马瑞辰的《毛诗传笺通释》等都分别做了考证。三家的论据根据的都是后汉许慎的《说文解字》中的“凿所以穿木也”，还有“锜，鉏御也”的训诂。概括诸家之观点，可以总结为：“鉏御”与龃龉同源，龃龉意为“齿不相值也”，即像犬牙一样交错，“锜”是刀刃参差不齐，像锯齿状的东西。

胡氏进而认为，“凿”的刀刃也是那样的形状。东汉的高诱在《淮南子·本经训》中注解曰：“凿齿，兽名。齿长三尺，其状如凿。”晋郭璞在《山海经·海外南经》篇中的注云：“凿齿亦人也。齿如凿，长五六尺，因以名云。”胡氏以上述文献为依据推测“当亦取其锋棱龃龉”。也就是说，胡氏认为此兽齿的前端像凿的前端呈锯齿状，因而得此名。可是这个考证的论据的前提并不明确，并且把两者拿来比较的观点有谬误。首先，作为前提的凿的刃是龃龉的观点，是基于“锜”是凿属，“锜”是龃龉的，所以推断凿也是龃龉的，可是两者是同类，并不一定意味着刀刃的式样是相同的。我认为两者刀刃的样式是完全不同的，后面我会做论述。其次，这个兽牙与凿做对比的观点，我认为并不是因为它们锋棱相似，而是由于其整体形状相似。这里的兽，在《淮南子·坠形训》篇中与《山海经》的传说一样，是作为相同的不可思议的民族而出现。高诱注：“凿齿民，吐一齿，出口下，长三尺也。”参考这个内容，可以看出这种既非人亦非兽的怪物口中，垂下来一根特别长的形状似凿的牙，其前端部分与凿的刃相似。从这两点判断，胡承珙的观点不足取。

我的观点是，凿的刃是类似我国现有的“NOMI”的刀刃一样，是一条直线的，而锜是类似“锯子”呈锯齿状的。并且，之所以把它们归为同类的工具，是因为它们都是“所以穿木”的缘故吧。现在我们试着由近及远，由今溯古来考证它。“NOMI”在现代汉语中称为“凿子”。据在中国待过很长时间的木工说，中国的“凿子”形状几乎与我国的相同，只是比我们的刀刃更薄，手柄更长。追溯到明代末期《天工开物·锤锻》篇“凿”的条目，将其刃的部分称为“斧”，斧的末端宽的有一寸左右，窄的不到三分，在需要打圆眼的时候使用剜凿来打眼。也就是说其刃有直线的和圆形的，与我国现在的凿一样，没有锯齿那样的龃龉。也就是说，相当于古代的“锜”一样的凿子是不存在的。

总之，现今用凿子凿孔时，是用锤子敲击凿子柄、凿木而穿之的方法，古代中国使用的似乎也是同样的方法。作为其证据，在《庄子·天道》篇中记载着这样一则寓言，说齐桓公在堂上读书时，在堂下制作车轮的一个叫作扁的老人说，“释椎凿而上，问桓公曰”，说明为了制作穿车辐条的孔而用锤子敲击凿。还有东汉王充的《论衡·效力》篇中有“凿所以入木者，槌叩之也”，明确说明了其使用方法。那么具有锯齿一样的刃的“锜”是否也一样是用锤敲打穿孔呢？答案是否定的。原因是即便把那样龃龉不平的刀刃敲打进去，也无法很好地把孔做好，这是基于常识就可以明白的。那么究竟是如何打孔的呢？我国现存有可以类推“锜”的一种工具，那就是陀螺锥，也称为三叉锥。正如它的名称所示，前端有三个叉，中间的叉较长，转的时候以它为中心，其他的两个叉画着圆圈钻出圆孔。这里面是有机关的，在柄的下端安装有陀螺一样的轴环，用横木穿过去成为柄，柄的两端系上绳子，再将绳子的两端与柄的头部连接在一起。然后将绳子螺旋状地绕在柄上，上下移动横木，绳子就会松开或上紧，旋转手柄。这里的机关不足以成为问题，前端三个叉正是应该类推为古代的“锜”的工具。可以想象锜的龃龉状的刃也是这样旋转着钻孔。如此可以将“锜”归类为锥子的属类。

《天工开物·锤锻》篇“锥”的条目中列举了六种钻，即圆钻、扁钻、蛇头钻、鸡心钻、旋钻、打钻。其中“蛇头钻”的机关与我们的陀螺锥是一样的。头部相当于穴钻，对它的说明是：“梓人转索通眼，引钉合木者用蛇头钻，其制颖上二分许，一面园，二面剜入，傍起两棱，以便转索。”我国普通穴钻的头部是像蛇头一样圆的，两边没有尖棱。听工人们说有的穴钻也是有棱的，主要用于制作竹器工艺品。

那么从《天工开物》中可知，在近代中国没有相当于我国的三叉锥的工具。难道三叉锥是我国的发明吗？情况并不是那样的。我认为三叉锥正是《诗经》中所看到的“锜”的遗制。在中国不知道什么时候开始不使用了，而在我国却传承了下来。因此，清代具有代表性的《诗经》学者对此也无法想象，如马瑞辰断定锜是“盖器有齿，参差不齐，能相错磨者……盖即今之锯”。“锯”的用途、用法与凿完全不同，把它当作《毛传》中说的“凿属”所说的“锜”也极为不合理。但究其原因，似乎也是可以理解的，因为类似的工具在中国已经没有遗存了，所以无法想象了吧。

如果“锜”是三叉锥一样的东西，那么为什么没有把它归类到钻属，而是被归类到了“凿属”呢？《说文解字》说“凿所以穿木也”，又说“钻所以穿也”，说明凿与钻的穿孔功用是相同的，只是穿的地方不同，凿仅限于“木”，而钻是被更加广泛使用的。还有从现状看来，操作方法上钻是拧进去的，而凿是敲打进去的，古代大概也是一样的。如果以三叉锥类推“锜”，应该也是拧进去的，所以可以归类为钻类。而且从形状上看，其前端是尖的，而凿的刃是平的。三叉锥如果单独看一个叉可以归类为钻类，可是从三叉并列的整体形状看，也并非不能算作凿类。因此以三叉锥类推得到的锜，古人将之称为“凿属”也并非是不恰当的。

下面看看锜的用途。以三叉锥来类推的话，锜应该是用来在木头上开圆孔的。关于木的圆孔，《楚辞·九辨》篇中有“圆凿而方枘兮，吾固知其鉏鋙而难入”的句子。“凿”是指用凿子开的孔，用于这个意思的时候，发音为“在到”的反切。“方”是四方，“枘”是指工匠在连接木头时，在一端做的凸起物，就是榫头，把它嵌入榫孔以连接木头。这两句的意思是“圆的榫孔难将方的榫头嵌入”。用来开这个圆孔时，可以想象是使用了《天工开物》中所说的剜凿，但是也可以想象是使用了更加方便的“锜”。于是锜作为开圆孔的工具被认为是“凿属”，于是也就终于被称之为“凿”。但是，不知什么时候起“锜”的名称就没有使用了。

这里我可以举一个事实有助于佐证我的这一推测。《汉书・刑法志》中五刑的第四个是称为“钻凿”的刑罚。韦昭的注为“钻，髌刑也。凿，黥刑也”。颜师古的注为“钻，钻去其髌骨也”。也就是说，“钻”是用钻头一样尖锐的东西去除膝盖骨的一种刑罚，“凿”是刺字（黥）的刑罚。还有《后汉书》第七十三卷朱穆传中，“臣愿黥首系趾”一文注的说明为“黥首，谓凿额涅墨也”。“涅”是指染黑的意思。也就是说，用凿刺后涂上墨（系趾指的是在脚上锁上铁镣的刑罚）。这里难道不是因为凿的刃不是一条直线，而是像锯齿那样凹凸不平，有多个尖端便于刺，所以用于黥刑的吗？如此一来，这里的“凿”应该就是“锜”。但是因为“锜”一词已经不使用了，所以不加以区别地被称为“凿”。并且，不知道从什么时候起，锜这种工具也没有了，穿圆孔时使用了《天工开物》中的“蛇头钻”或者“剜钻”。只有传入我国的锜以三叉锥的形状传承了下来。

“锜”还有另外一个意思。《诗经・召南・采蘋》篇有“于以湘之，维锜及釜”。《毛传》中注解为：“湘，亨也。锜，釜属。有足曰锜，无足曰釜。"《经典释文》的解释是"三足釜也"。也许应该说，这才是锜的本义。因为东汉的《说文解字》中对这个字的解释为"锜，钼铻也，从金奇声。江淮之间。谓釜曰锜"，只说明了锜是釜的方言，并没有提及是凿类。并且"锜"字被当作与"踦"字有关系的词语（清代王念孙的《广雅疏证》第七卷下）。《说文解字》中解释有"踦，一足也"，晋郭璞对《尔雅》中"蠨蛸长踦"的注解为"小蜘蛛长脚者"，"踦"的意思是"脚"，所以并不一定限于是"一足"。因为属于釜类，并且有脚，所以称为"踦"，变成金字旁后就创造出了"锜"这个字。如果伸出来好几个短足，就变成了凹凸不齐的锯齿状，这就是会产生"龃龉"之训解的原因吧。由此可以推测，这就是属于凿类，刃为龃龉的工具被称为"锜"的变化过程吧。据《说文解字》所记载的内容，在西汉末期扬雄编写的《方言》第五卷中，已经有叙述的事实，所谓"鍑……江淮，陈楚之间，谓之锜"。《说文解字》依据的大概就是这个说法吧。淮（淮水）江（长江）指的是河南省南部及安徽省一带，陈、楚基本上指的是今河南东南部及安徽北部的地区。虽说是方言，但是在这个地区遗留了下来。如清代段玉裁在《说文解字注》中所说，"本以有足别于釜，而江淮语同之耳"，已经失去了原意。但是，魏初的《广雅》中也有记载，可见釜属的锜一直长久地保持着其命脉，而凿属的锜除了《诗经》的《毛传》以外就没有任何信息了。

最后顺便来看看"钻"与"锥"的区别。首先《说文解字》中说："锥，锐也。"《释名》中说："锥，利也。"锥的名和意的重点在于其尖端的锐利。而《说文解字》说"钻，所以穿也"，即钻是把其穿物的功能和用途作为名和义的重点。唐代颜师古的《急就篇》中解释："锥，所以刺入也。钻，所以穿通也。”说明了二者的功能与用途的区别，即锥只有扎入的功能，因而用于对不太坚固的东西里开孔。钻有边削边穿孔的功能，可以拧进坚硬的东西里穿孔。具体来说，锥就是前文中引用的《天工开物》的圆钻（用于缝钉书籍），即我国所说的草纸锥，也称为千枚通之类的工具。钻是《天工开物》的旋钻（整体是三棱的）、打钻（四方的，头部尖锐），就是我国三棱锥、四棱锥之类的工具吧。作为佐证的古代文献，《管子》第二十四卷“轻重”乙篇有“（上略）一车必有一斤、一锯、一钉、一钻、一凿、一銶、一轲，然后成为车。一女必有一刀、一锥、一箴、一钵，然后成为女（下略）”。前者列举了造车所不可或缺的工具，后者列举了女裁缝所需要的工具。而车的制作指定了“钻”，女红指定了“锥”。木工必须要使用三棱锥和四棱锥才能开孔，而女红使用千枚锥就足够了。在我国做缝纫的时候，有时需要使用千枚通，而在中国，缝鞋子的时候锥子可是不可缺少的。把好几片布重叠在一起做鞋底时，要用锥子一个一个地钻孔后，再把线穿过去，比我国的女红更加需要使用锥子了。这大概是古来的风俗吧。我在北京买的女红用的锥子，现在仍然作为文具来使用，因此对这个事实就越发感兴趣。

“薇”非紫萁

《诗经·召南·草虫》篇中有“陟彼南山，言采其蕨”，“陟彼南山，言采其薇”。另外《小雅·四月》篇中有“山有蕨薇”的记述，这两种植物作为山草而并称。“蕨”一定是蕨菜，而把“薇”当作紫萁则是错误的。这个错误的根源似乎就出在宋代朱熹对上述《召南·草虫》篇的注解，其《诗集传》中注曰："薇似蕨而差大，有芒而味苦，山间人食之，迷之谓蕨。"

朱子的观点究竟缘于哪里不详，而汉代以来的一般说法都认为是类似豆子的草。首先东汉许慎的《说文解字》中有"薇，菜也，似藿"。"藿"就是大豆的叶子，古代把嫩的大豆叶当作蔬菜食用。然后是三国时代吴国陆玑的《诗草木鸟兽虫鱼疏》中说："薇，山菜也，茎叶皆似小豆，蔓生。其味亦如小豆藿，可做羹，亦可生食。今官园种之，以供宗庙祭祀。"南宋项安世说："今野豌豆也。"（引自《通雅》第四十四卷"薇"的条目）明代李时珍的《本草纲目》第二十七卷中认可了这种说法。

可是周末汉初的《尔雅》中说"薇，垂水也"，晋朝郭璞注曰"生于水边"，这形成了另外一种学说。晋郭义恭的《广志》中说："薇叶似萍。"唐代李珣说："薇生海池泽中，水菜也。"（引自《本草纲目》）认为是水草。总之，通过以上的观点，可以明确"薇"并不是与蕨菜相似的紫萁。而朱子的《诗集传》在我国盛行后，与蕨菜相似的略大的"薇"就被臆断为了紫萁。

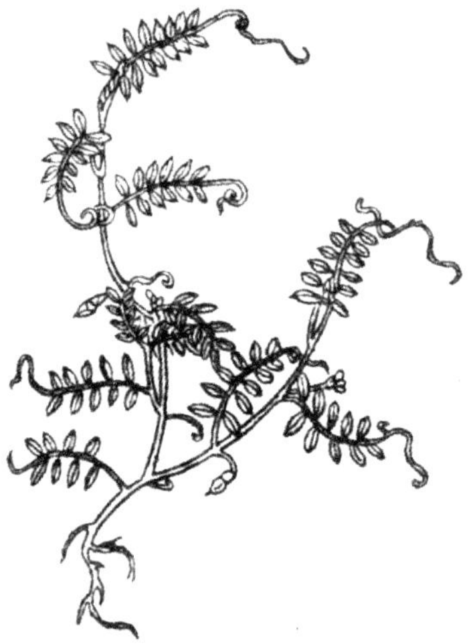

薇

首先，贝原益轩的《大和本草》（宝永五年自序）中，引用了朱子的《诗集传》及《本草蒙筌》，认为薇应当是“inode”[①]。

> “inode生在深山幽谷，似蕨而大也。有毛。生味苦，可晾干而食。其初生似猪手，故云inode。紫萁由一根多生。薇不然。……《本草纲目》所云薇，别物也，非inode。……《本草蒙筌》《三才图会》之说与朱子同。

这里贝原益轩既继承了朱子的学说，又认为“薇”是与紫萁相似却不同的inode。所云“生在深山幽谷内有”，大概是想到了殷伯夷、叔齐不吃周粟，在首阳山采薇充饥的故事。另有寺岛良安的《和汉三才图会》（正德二年自序）中采用了《本草纲目》的观点，认为“薇”是野豌豆，日本名为“犬豌豆”。我不确定这种见解究竟是否准确，但是与豌豆相似的野草这一点，与东汉许慎的《说文解字》正统的学说相近。后来还有小野兰山的《本草纲目启蒙》（享和二年丹波元简序）中把“薇”当作了紫萁。并且说“李时珍以薇为野豌豆、大巢菜，非也”，进而否定了《本草纲目》的观点。小野兰山没有说明否定的理由，可以推测仍然是依据贝原益轩的以朱子的《诗集传》《本草蒙筌》《三才图会》为正确的论点，将日语名称inode改为了紫萁而已。兰山的此书作为名著，一直影响到了明治时期的学术界。可能由于这个原因，《汉和字典》中“薇”被训读为“ゼンマイ”，《言海》中的ゼンマイ使用的汉字也是“薇”，甚至连上海商务印书馆编写的《植物学大辞典》也受到了日本的影响，把“薇”的日本名称写成了紫萁，并且

---

① 译者注：日语汉字写作“猪手”。

登载了紫萁的图谱和说明。

虽然朱子学说的根据不详，也无法认为其具有颠覆后汉以来旧的学说的根据。仅仅是因为《诗经》中并称为蕨薇，因而产生了二者同类或类似的说法，所以朱子也采用了此说吧。如此一来，以“薇”作为紫萁的根据是不足的，还是应该承认薇是野生的豆子，其嫩叶可以供食用，只是其日语名称不详。

（1958年9月《立命馆文学》）

名物拾零

借此将我在杂志、报纸上登载的有关名物的文章编纂成书的机会，我挑选了数条平时思考过，但尚未成稿的一些零碎的名物，名曰名物拾零，补充在此。

鸡头与鸡冠

元曲《望江亭》是一部非常有趣的喜剧，其第三幕有在酒席上对句助兴的场景，甲说："鸡头个个难舒颈。"乙对句道："龙眼团团不转睛。"在学生时代，我曾经试着把这一段意译成狂言。当时，我似懂非懂地把这里的"鸡头"理解为与鸡冠相似的花，因此一直不能理解，为什么相对于龙眼的"团团"（圆圆的），鸡头的形容词是"个个"。后来才有机会知道，这里的鸡头并不是我国所说的鸡冠花，而是"芡"，即日语名为鬼莲或水蕗的籽实。总结《本草纲目》第三十三卷"芡实"

的条目中收集的诸家的说法：芡萼似鸡头，花似鸡嘴，苞有拳头大小，像石榴一样里面包有无数的珠子一样的籽，籽有外壳，壳里满是外形像鱼眼似的白色淀粉物质。将其捣碎制成粉，然后制作糕饼等作为代用食品。据此可知，鸡头的名称是由它的萼和花的形状而得来的，因此也有“雁头”“雁喙”之称。那么在我国称为“鸡头”的花，其汉语名称是什么呢？叫作“鸡冠花”。大概“鸡头”指的是雌鸡的头，“鸡冠”是雄鸡的鸡冠，两者都是很确切的名称，有明确的区别。那么，为什么在我国会出现这样的错误呢？正德年间的《和汉三才图会》的《湿草类》中有“鸡冠，俗云鸡头”的说法，可见这个误称已经由来已久了。

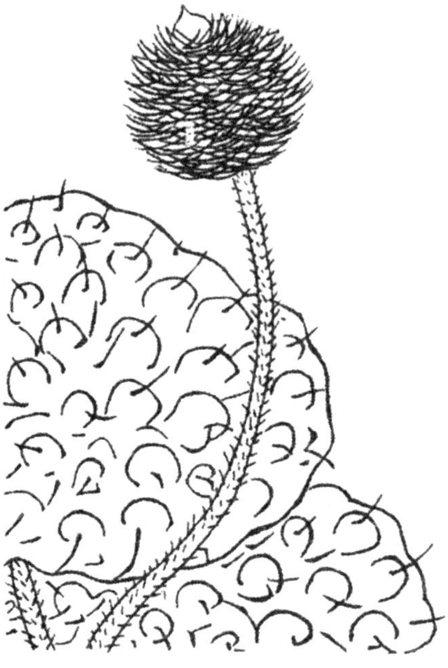

芡

鸡头的由来如上所述，而上面的对句中所说的鸡头并不是花萼，而应该是苞内的籽实。只有像珠子一样堆积的籽实，才能与团团的龙眼相对应，文中所说的“鸡头个个”的“个个”，应该是与果实累累的“累累”是相同的语境。也就是说“鸡头的籽实一个一个累累相叠”的意思吧。并且，龙眼产于福建、广东地区，是直径有两公分的浑圆果实，外面是薄薄的壳，中间有又圆又大的果核，果核和果壳之间有白色的、柔软甜美的果肉可供食用，称为龙眼肉。

“鸡头个个难舒颈，龙眼团团不转睛”的意思是：鸡头籽实虽然一个个堆在一起，可是仅仅是名为鸡的头，而实际上头却很难舒展。龙眼虽然是圆圆的，可是仅仅是名为龙的眼，实际上眼珠却不能转，两句均是戏言。

鸳鸯与㶉鶒

学生时代，我有一次放假回下关的老家，家里庭院的池子里有一只既不是野鸭又不是鸳鸯，平时没有见过的水鸟浮在水面上。家里人说是邻居从朝鲜带回来送给我们的。因为不知道它的名字，邻居就称它为朝鲜鸭。它比野鸭漂亮、可爱。可能是因为池子太小，加之水土不服，又不知道该怎么饲养，不久就死了。我第二次回家的时候那只鸟就已经不在了。

鸳鸯

后来，我有机会了解到汉字写为“鸳鸯”的鸟，并不是日本所说的“オシドリ”，而日本所说的“オシドリ”，应该是一种叫作“㶉鶒”的鸟。回想起来，我家池子里养的那只“朝鲜鸭”，应该就是汉语名称为

“鸳鸯”的水鸟。

宋代罗愿的《尔雅翼》第十七卷“鸳鸯”的条目的主要内容是：

鸳鸯，凫属也。大如鹜，其质杏黄色，头戴白长毛，垂之至尾，尾翅皆黑。今妇人闺房中饰以鸳鸯，黄赤五彩、首有缨者，乃是鸂鶒耳。其形大于鸳鸯，而色多紫。李白诗曰“七十紫鸳鸯，双双戏亭幽”，乃鸂鶒也。

明代李时珍的《本草纲目》第四十七卷，“鸳鸯”与“鸂鶒”条目的要旨为：

鸳鸯，凫类也，南方湖溪中有之。栖于土穴中，大如小鸭。其质杏黄色，有文采，红头翠鬣，黑翅黑尾，红掌，头有白长毛垂之至尾。鸂鶒其形大于鸳鸯，而色多紫，亦好并游，故谓之紫鸳鸯也。毛有五彩，首有缨，尾有毛如船柁形。

鸂鶒

根据这些内容可以判断我国所说的“鸳鸯(オシドリ)”一定就是鸂鶒，那似船柁形的毛，正是我们所说的“鸳鸯”的“剑羽”或“思羽”。真正的鸳鸯是没有这个的，整体来说它没有鸂鶒漂亮。天明年间，冈元凤的《毛诗品物图考》中说：“日本不产鸳鸯，偶尔有舶来者。”以前邻居从朝鲜带回来的、浮在我家小池子里的毫无疑问就是鸳鸯了。

鲑非サケ

天宝年间安西於菟的《近世名家书画谈》的二编卷之一“学者误鉴之事”条目中记载了一个有趣的插曲。

据说，有个学者天生脾胃虚弱，且极其挑食。有一天他写信给郎中问道：“今日有人送来鲑，食之会有痛苦吗？”郎中回答：“不会痛苦的，是好东西。”遂调味食之，却全身燥热，四肢乏力，痛苦之时，正巧郎中路过，其家人将其叫入屋内，“因为此鱼有时有毒，以前是不吃的。因赠与之人说非常美味，就用淡酱煮了。并且之前写信问您，您答复说不会有痛苦。遂吃了很多，就变成这般痛苦了”。郎中听罢，皱着眉头，觉得酱烧鲑鱼绝无可能吃成这个样子，实在是难以理解。就看了看锅里面，发现竟然是河豚，遂大吃一惊。学者奄奄一息，口中道：“鲑乃河豚的别名，通俗上会将其误读为サケ。サケ的正确汉字应该是鲕，形状似鳟鱼圆而肥，其子有二胞，胞中有数千粒子，称为鲕。最早的正确汉字应该是鲑(ふぐ)，乃河豚。不懂文字的郎中搞错了，遂酿成如此大祸。”郎中非常后悔。但是即便是误读了文字，他还是有自己的本领的，他立刻将青色砥石磨成粉，用水拌匀让学者饮之，河豚之毒立解，学者这才没有了大碍。

这个故事可能是讽刺炫耀卖弄的寓言，并不是事实。但是作为鱼的日语名称与汉字不符的一个例子，颇有意思。

鲑也写作鯸，是河豚的古名。上面文章中说sake[①]的正确的汉字应该是“鲑”之说，大概是根据《和汉三才图会》而来的，说明的文字也是从那里节录的。而且《和汉三才图会》的学说似乎是出自《和名抄》。查阅字典，“鲑”在《说文解字》中是“鱼臭也”，《集韵》中为“鱼名”。作为鱼名是后世的通俗说法，并且也不认为就是sake。但是由于鲑与鲑的字形相似，所以应该承认在我国把sake的汉字写作鲑字，是由于鮏的转讹，但是sake是北海的鱼，恐怕中国大陆并不出产，因此，也就没有相对应的汉字吧。

鱼名中使用的汉字有许多并不准确。即便是以最普通的鱼名为例，就有鲷非タイ鯛，鲈非スズキ鱸，鲭非サバ，鲹鯖非アジ，非アユ鲇，而是鲶鱼。鲣非カツオ鰹，是由干制鲣鱼很硬而联想到的。鲱非ニシン鯡，鲇而是由于鲱并非是鱼而假借的汉字。イワシ为鰯，タラ为鳕，这些都是日本原创的，非常巧妙。“鳕”这样的字甚至被上海商务印书馆编写的字典《辞源》收录，而且附图并做了说明。这可能是因为鳕鱼也和鲑鱼一样，产自北海，中国不产，所以本来就没有这个汉字的缘故吧。“マグロ”的鲔字基本上是准确的，可是不知为什么“ブリ”使用了“鰤”字。“コイ”为鲤，“フナ”为鲫鱼，“ウナギ”为鳗，“ドジョウ”为泥鳅，“クジラ”为鲸，“サメ”为鲛，这些都是正确的，毫无疑问。“ボラ”为鲻，“カレイ”为鲽更是出乎意料的正确。

① 译者注:sake为“鲑”的日语汉读音。

樱桃非ユスラウメ

白乐天的家妓樊素善歌，小蛮善舞，乐天曾作诗曰："樱桃樊素口，杨柳小蛮腰。"《瓯北诗话》中提到，这个故事出现在唐代范摅的《云溪友议》中，可是在乐天的诗集中却找不到。毫无疑问，樱桃是形容樊素唱歌时可爱的小嘴，杨柳是形容小蛮跳舞时柔软而动人的细腰。以前读这句诗的时候，我一直觉得奇怪，心想再怎么样的小嘴巴，比作山樱桃也太小了吧。

现在我们大家都知道，樱桃的日语名是サクランボ，可是以前一直是训读为ユスラウメ的。我见到的樱桃的实物，还是在昭和初年住在仙台的事情。福岛县栽培的优良品种，到了季节就会出现在水果店的店头，孩子们吃得很开心，作为家长的我也品尝了一下，感慨原来这就是"樊素之口"呀！那时候好像京都还没有樱桃，所以在京都的时候完全见不到。不知道福岛是从什么时候开始栽培的，可能是把美国产的移植过来的吧，总之是很少见的。江户时代好像还没有输入中国产的樱桃，所以一直认为樱桃就是ユスラウメ。

平安朝的《和名类聚抄》中，樱桃的日本名为"尔波佐久良（niwasakura）"（庭樱）。江户中期，野必大的《本朝食鉴》（1692年自序）中沿用了"庭樱"，据其正文说明指的是庭梅，到了贝原益轩的《大和本草》（1708年自序），使用了ユスラウメ，并且另外以"山樱桃"作为"庭桜"的假借字，并说明"花、实均似山樱桃，较之小，有尖，又云庭梅"。稍后的寺岛良安的《和汉三才图会》（1712年自序）中也将樱

桃训读为ユスラウメ。后来小野兰山的《本草纲目启蒙》(1802年自序)也使用的是ユスラウメ。自此直到近代都是使用的这个训读。大概是因为没有见过实物，所以才使用了这个错误的训读吧。

顺便说一下，庭樱或庭梅的汉语名是“郁李”，古名“棠棣”，《论语·子罕》篇中有“唐棣之华，偏其反而”，意思是和唐棣有相同的花，可是我到现在都不知道ユスラウメ的汉语名是什么。商务印书馆编写的《植物学大辞典》中使用的是“山樱桃”，可能也是错误的。《本草纲目·山果》条中，李时珍说:“山樱桃，树如朱樱，但叶长尖而不团。子小而尖，生青，熟黄赤，亦无光泽，而味恶不堪食。”树、叶和籽都和ユスラウメ对不上。那么ユスラウメ究竟是什么呢?

茱萸非グミ

将茱萸训读为グミ(胡颓子)并使之扩散开来的是贝原益轩，并且这是因山茱萸的籽与胡颓子相似而产生的误解。贝原益轩著写的《大和本草》第十一卷中说:

> 山茱萸苗代胡颓子,京都方言云苗代胡颓子为胡颓子,插秧时节籽实成熟。中华之人云“是即山茱萸也,土地有肥瘦,故日本所有少肉云”。叶厚而坚,冬不凋零,枝强。《本草》颂曰“山茱萸叶如梅”,此与之所云不同,存疑。实似山茱萸。是诚山茱萸否,未详。

上文中所说的“中华之人云”云云所记载的汉文，可能根据的是来我国的清人的笔谈或见闻录。可是《本草》中记录的山茱萸的叶子与胡颓子的叶子不同，因而产生了疑问。并且承认山茱萸的籽实作为药品舶来，并把两者的籽实进行比较，确认相似，但还是不确定，所以说“未详”。

可是与《大和本草》几乎同时代编写的《和汉三才图会》中没有给山茱萸起日语名，而是把“胡颓子”加上了“グミ”的日语名。这是正确的。山茱萸现今已经传播到了我国，很多地方的庭院中都有种植，一看就和胡颓子是不同的植物。而在贝原益轩那个时代，这种树还没有传到我国，所以被清人所惑。

小野兰山的《本草纲目启蒙》的相关论考最为精密。茱萸主要有三种，分别是吴茱萸、食茱萸、山茱萸。《本草纲目》将前两种归类到了果部的“味”类，即与花椒、胡椒同类的佐料，而将山茱萸归类到了木部的“灌木”类中加以区别。也就是说前两种的籽实是香辛料，后一种的籽实是用作强壮剂的。首先，吴茱萸的树有一丈多高，其籽实与花椒相似，都是成串的，成熟后颜色变红，没有核只有皮，日语名为“カワバシカミ”，气味辛温，略有毒。据说九月九

山茱萸

日重阳节时，将其籽实放入袋子中绑在手臂上或者整串地插在头上登高，可以避邪的就是这种吴茱萸。食茱萸是乔木，茎有很多刺似楤木，日语名为“オオダラ”，其种子辛辣似花椒，因此也称为乌山椒。自周代以来就用来作为烹调肉的调料，因此被称为食茱萸，是与吴茱萸同类异种的。古代文献中《礼记・内则》篇有“三牲用藙”，注解为“藙煎茱萸也”，意思是在烹饪牛羊猪肉的料理中使用它。食茱萸味道苦而辛辣，具有去除食肉的臭味的功效。后来随着各种更好的香辛料的输入，逐渐不使用食茱萸了。明代李时珍的《本草纲目》中说“今贵州人稀用”，作为古老的香辛料，只有在偏远的地区还有使用。作为很少见的用例之一，在清代初期《养小录》醉蟹的做法中有“入椒盐一撮，茱萸一粒(置此可经年不沙)”。仅仅放茱萸一粒就有如此功效，似乎让人觉得有如魔法，可见此物防腐功能之强。

莺非ウグイス

《唐诗选》五言绝句中有一首《伊州歌》云：

> 打起黄莺儿，莫教枝上啼。
> 啼时惊妾梦，不得到辽西。

文中可以看出黄莺似乎是在夜里啼叫的。我曾怀疑诗中的黄莺可能与日本的“ウグイス”是不同的鸟，但是没有找到相关的资料，后来也就未予深究。前些年为了开设《诗经集传》的讲座，我看到冈元凤的《毛诗品物图考》，发现黄莺果然与日本的“ウグイス”是不同的。据《本草纲目》林禽类记载，黄鸟一名黄莺，又称黄鹂、鸳黄、楚雀、仓庚等。“立春后即鸣，麦黄椹熟时尤甚，其声圆滑，如织机声。”这些特征虽然与“ウグイス”极为相似，但其形状和毛色都不同。《本草纲目》记载道：莺“比鸜鹆大，体毛黄色，羽及尾有黑色相间，黑眉，尖嘴，青脚”。这里除了“体毛黄色”以外，没有一个特征和“ウグイス”是相同的。冈氏的《品物图考》认为，我国很少有黄鸟，南海的山中虽有，比斑鸫大，头和背部为黄绿色，腹部淡白，有黑色的眉。

黄莺

我当时理解的诗中的鸟在夜里啼叫这一点，似乎是错误的。实际是早晨非常早，人们还在睡眠的时候它就开始啼叫了，这一点从唐诗中很多引用春晓闻莺的诗句也可以得到佐证。例如，武元衡的《春晓闻莺》，韩愈、李益、王建、杨巨源等都作了和诗，可见当时莺诗的盛行。韦应物的《听莺曲》非常生动地描述了这种鸟的生态：

东方欲曙花冥冥，啼莺相唤亦可听。

乍去乍来时近远，才闻南陌又东城。
忽似上林翻下苑，绵绵蛮蛮如有情。
（中略）
须臾风暖朝日暾，流音变作百鸟喧。
谁家懒妇惊残梦，何处愁人忆故园。
（中略）
有时断续听不了，飞去花枝犹袅袅。
还栖碧树锁千门，春漏方残一声晓。

由此我们可以知道，这种鸟在清晨天还没有亮的时候便开始啼鸣，其辗转飞鸣之声被称为“流音”，鸟被称为“流莺”。随着朝霞东升，其他睡懒觉的鸟也开始啼鸣，独守空房的少妇也慵懒而起了。前面所引的《伊州歌》中的妇人大概就是这一类型吧。天完全亮了的时候，莺就飞走了。家家的大门还上着锁，清晨的更鼓却已响起。

在日本，“梅”与“莺”是固定的搭配。而在大唐，“柳”与“莺”是更为常见的搭配。杜甫的诗中有“两个黄鹂鸣翠柳，一行白鹭上青天”的对句。晚唐某诗人的对句中有“鱼跃练波抛玉尺，莺穿丝柳织金梭”。陶翰有题为《柳陌听早莺》的诗，比起前面提到的韦应物的诗缺乏真实感，描述了在青楼门前茂密的柳树下一大早啼鸣的黄莺。即便到了近代，杭州的所谓“西湖十景”中有“柳浪闻莺”一景，在湖畔的柳树下听黄莺啼鸣成为一处名胜。坊刻的《本草纲目》的插图中也是莺配柳条。这似乎是常识。

合一扇

白乐天《长恨歌》的最后一段中，杨贵妃死后，唐玄宗遣道士去天上寻访她的灵魂，杨贵妃为了表达对玄宗的思慕之情，将金钗钿盒托付给道士让他带了回去。诗云：

钗留一股合一扇，
钗擘黄金合分钿。

意思是说，把金钗擘开，自己留一股，赠给皇上一股。把钿盒分开，自己留一扇，赠给皇上一扇。当时我刚毕业不久，执教讲课《古文真宝》前集，到了这一篇的时候，不能理解“一扇”的意思，很苦恼。字典中的解释是：“扇，扉也。”盒子的门扉究竟指的是哪个部分呢。当时无法想象有两个门的盒子的构造。

后来一个偶然的机会我才明白了其中缘由。我记得好像是唐代传奇小说中看到的一个故事，有一个嫉妒心很强的妻子，生气时把盒子的一扇扔向了丈夫。读到这里，我才明白这里的一扇是把盒盖或者盒箱扔出去的意思。我对自己刚毕业时拘泥于门扉的训解、不会变通的愚昧感到生气。同时又觉得只要留心，就会有机会将疑问搞清楚，对于这一点感到很高兴。现在想来，那种不求甚解，才正是我对名物考察敷衍了事的最大缺点。我对于“盒”字仅仅是训读为“ハコ”，而没有确认究竟是什么样的盒子。我本来就不了解“香盒”“印盒”是什么样的东西，但是却自以为有门的盒子应该是别的样式的东西。盒正如其字形所示，是由底和盖组成的箱子，也就是有盖子的东西，那么底子和盖子都可以说成是“一扇”。所以《长恨歌》中，把钿盒的盖和底分开，留一扇，赠一扇。

后来我又找到了一个可以佐证这种理解的用例。唐代段成式的《酉阳杂俎》第七卷，“酒食”条目中记载有关于桃核的不可思议的典故。“蜀后主有桃核两扇，每扇着仁处，约盛水五升，良久水成酒味醉人。更互贮水，以供其宴。即不知得自何处。”这里是把分成两半的桃核中的半片算作一扇。还有，同书中第十卷的《物异》篇中可以看到用一升容量的桃核扇量米；第二卷的《玉格》篇中有将类似斗笠的一扇杏核中装满浆的典故。现今也有“一扇门”的说法。这里以“扉”来数门，觉得没有什么不可思议的，可是盒、核也用这种数法，让我有点意外。

（1958年8月稿）